Clemens Haipl

Sind wir bald da?

Sind wir bald da?

Clemens Haipl
sucht den Jakobsweg

Residenz Verlag

Mit freundlicher Unterstützung der
Kulturabteilung der Stadt Wien

Bibliografische Information der Deutschen Bibliothek:
Die Deutsche Bibliothek verzeichnet diese Publikation in der Deutschen Nationalbibliografie; detaillierte bibliografische Daten sind im Internet über http://dnb.ddb.de abrufbar.

www.residenzverlag.at

Umschlagbild: www.pertramer.at
Grafische Gestaltung und Satz:
Joe P. Wannerer – www.boutiquebrutal.com
Schrift: Epic und Hudson
Gesamtherstellung: CPI Moravia Books

ISBN 978-3-7017-1538-1

Im Basislager

Ich habe ein E-Mail bekommen. Es hat mich über meine Website erreicht, die ich in dem mir eigenen Anspruch, alles alleine zu können, selbst gebastelt habe. Mit iWeb, dem Kinderspielzeugwebsitenmachprogramm von Apple, das jedem Fachmann einen Blick der Verachtung ins Gesicht zaubert. Ich versuche dann immer so zu tun, als wäre mir das egal, dass meine Website absichtlich so billig aussieht. Aber das ist etwa so, als versuchte man zu erklären, der Hosenschlitz sei absichtlich offen und der Schnittlauch auf den Zähnen genau so gewollt. Egal.

Ich wollte nie von IT-Fachleuten und Webprogrammierern geachtet und bewundert werden. Stimmt nicht, ich wollte eigentlich immer von allen Menschen geachtet und bewundert werden. IT-Fachleute und Webprogrammierer stachen dabei eben nicht besonders hervor. Ich muss jedenfalls damit leben lernen, dass ich es nicht allen Leuten recht machen kann. Radio, TV, Print, Kabarett, Musik (in drei Bands gleichzeitig, natürlich) und dann noch ein gemütlicher Kerl sein, der des Abends die Gastronomie in der Nachbarschaft gewissenhaft unterstützt ... das reicht irgendwie. Wenn ich jetzt auch noch anfange, Websites so zu programmieren, dass mich IT-Fachleute und Webprogrammierer achten und bewundern, dann könnte ich ein echtes Zeitproblem bekommen. Ich bin an sich sowieso schon nervös und mit dem Leben überfordert. Erhöhter Blutdruck ist vorhanden, und die Weltfinanzkrise trägt auch nicht zur Beruhigung der Gesamtsituation bei. Die bloße Tatsache, dass ich die letzten zwanzig Jahre aus eigener Kraft überlebt habe (und gar nicht mal schlecht: Es war immer Fleisch auf dem Tisch, die Urlaube waren dekadent und meinen Leib umschmiegen Damast und Seide), heißt nämlich nicht, dass ich die nächsten vierzehn Tage überleben werde. Also, es ist an sich schon wahrscheinlich, die Statistik spricht eindeutig dafür. Aber erklären Sie das einmal meinem neurotischen ... äh ... ja, wem eigentlich? Ist es mein neurotischer Kopf, mein Geist, mein Charakter, der mir Zukunftsängste macht? Mein Körper kann es ja schlecht sein, obwohl gerade der nervöse rote Flecken bekommt ... Ich weiß das alles nicht, vielleicht werde ich aber an anderer Stelle darauf zurückkommen.

Jedenfalls, ich habe ein E-Mail über meine Website bekommen. Das heißt, dass der Absender meinen Namen höchstwahrscheinlich gegoogelt hat. Es ist nämlich nicht sehr schwer, meine drei anderen E-Mail-Adressen herauszubekommen, wenn man sich ein bisschen in der sehr überschaubaren Wiener Medienszene umhört. Der Absender hat also meinen Namen gegoogelt (ich empfinde das als Kompliment) und mir geschrieben. Er sei von einem Verlag, und man würde gerne mit mir ein Buch machen.

Da schau einer an, ein Buch. Ja, das finde ich schön. Hat ein bisschen was Bleibendes. Bedeutsames. Wirkt nicht so billig wie Radio und TV-Sendungen, wird in den Kulturspalten respektvoller behandelt als Kabarett. Buchautoren wird automatisch unterstellt, dass sie gebildet und reflektiert sind und was weiß ich noch alles. Dass die meisten einfach verhaltensauffällig sind und Bücher schreiben, weil sich niemand mit ihnen beschäftigen will außer dem geduldigen Textverarbeitungsprogramm, in das sie dann völlig unwidersprochen hineinhämmern ... das, das wird nicht oft bedacht. In jedem anderen Gewerbe würde man solche Menschen als Koffer bezeichnen (okay, die zahlreichen zugeschalteten Leser aus dem Ausland können das Wort »Koffer« auch durch »Depp« oder »Idiot« oder »Vollidiot« ersetzen), im Kultur- und Literaturbetrieb gilt es aber schon als Auszeichnung, mürrisch, menschenfeindlich und schwierig zu sein. Wer viele As und Äs in Gespräche einbaut, vermittelt den Eindruck, sein Kopf platze vor Gedanken, und die Sprache komme eben nicht nach. Und selbstverständlich kann man sich auch ein paar Suppennudeln in den Fünftagebart drapieren. Leichte Verwirrtheit wirkt ja so sympathisch.

Fürchterlich.

Selbstredend finde ich den Gedanken, ein Buch zu schreiben, trotzdem hervorragend. Wie gesagt, ich will ja geachtet und geliebt werden. Ein Autor zu werden, schrullig und versponnen zu sein und dabei noch als intelligent zu gelten, erscheint mir als ein guter neuer Weg. Das mit dem Webprogrammieren kann ich später ja immer noch machen.

»Sind wir bald da?« soll der herzustellende Klassiker heißen, wie ich dem E-Mail-Verkehr entnehme. Aha, warum nicht? Zielt wohl ein bisschen auf das leicht infantile Image, das ich in der Öffentlichkeit habe und an dem ich nicht ganz unschuldig bin. »Sind wir bald da?« soll von Ortschaften handeln, die St. Jakob heißen. Ich soll sie mir ansehen und berichten, ob ich dort oder auf dem Weg dorthin irgendeine Form der Erleuchtung gehabt habe. Aha.

Und dass das alles ein klein wenig nach Jakobsweg klingt, ist natürlich eine kleine Verrücktheit und bringt den nötigen Humor in die ganze Geschichte. Finde ich tadellos. Es wird nur schwierig sein zu erklären, dass dieser Klassiker der Weltliteratur nicht etwa ein Versuch ist, kaum acht Jahre nach Hape Kerkeling auf den Zug aufzuspringen. Auch, dass das Buch nicht als bloße Verarsche oder Satire gedacht ist. Was es ist, weiß ich nicht, ich habe es ja noch nicht geschrieben. Oder wissen Sie, was in Ihrem Leben in zirka zwei Monaten passiert sein wird? Ja? Ich beneide Sie. So viel Ordnung und Planung, alle Achtung. Da möchte man neidisch werden. Nein ... Scherz, natürlich nicht! Voll ure fade finde ich das, Spießer, elendiglicher.

Okay, ein kleines bisschen neidisch bin ich. Aber nicht sehr.

So.

Stimmt schon, Selbsterkenntnis, Erleuchtung und, generell gesprochen, alle Formen von Maßnahmen, die das Leben erleichtern, sind im Trend. Seit zirka zehntausend Jahren. Weil zur Zeit weniger Menschen in die Kirche gehen, gehen halt mehr auf den Jakobsweg oder zum Psychotherapeuten. Oder beides. Kinesiologie, Akupunktur, Shiatsu usw. usf. Aus der Konkursmasse der katholischen Kirche ist einiges zu holen. Das eine oder andere habe ich selbst probiert. Ob es geholfen hat? Ich glaube schon. Ich weiß ja nicht, was passiert wäre, wenn ich es nicht getan hätte. Sie schon? Aha, da haben wir es wieder, die Klugscheißer unter den Lesern. Ich merke mir das, keine Sorge ... (Auf Facebook gibt es eine Gruppe Menschen, die Sätze gerne mit »...« beenden. Ich bin beigetreten.) Egal.

Statistisch bin ich in der Mitte meines Lebens angelangt, habe aber nicht das Gefühl, die Hälfte zu wissen oder verstanden zu haben. Ich bin – ein Suchender! (An dieser Stelle setzen Streicher ein und das Bild wird unscharf. Die Sonne geht unter und ein Einhorn will von mir gefüttert werden. Ich denke an das »Füttern verboten!«-Schild im Zoo und foppe das Fabelwesen mit meiner flachen, leeren Hand. Ätsch!) Gründe hätte ich genug, mich den Tausenden von Pilgern anzuschließen, die den beschwerlichen, Segen bringenden Weg nach Santiago de Compostela auf sich nehmen. Die Meter für Meter auf ihren wunden Füßen bewältigen, erhellende menschliche Begegnungen haben, die Natur und dann auch gleich sich selbst neu kennenlernen. (Und dann ein Buch schreiben und in Talkshows auftreten und ordentlich Kohle abschöpfen.) Ich bin aber zu faul. Das liegt möglicherweise am mangelnden Leidensdruck. Man verändert ja immer nur dann etwas in seinem Leben, wenn die Alternative, also nichts zu verändern, noch unangenehmer ist. Was der Sinn des Leben ist und wie man glücklich wird ohne Lottogewinn und schönem Wetter, das wüsste ich aber schon alles sehr gerne.

Donnerstag, 30. April

Ich beginne jetzt also zu schreiben.

Ha! Gar nicht wahr. Hätte ich nicht schon viel früher begonnen zu schreiben, wären die Seiten davor ja leer. Blättern Sie ruhig zurück, nur zu. Überprüfen Sie das, ich habe nichts zu verbergen.

Und?

Eben.

Man kann das Glück
nicht erzwingen,
und vielleicht ergibt
sich ja an einem
anderen Tag eine
Lösung.

Clemens Haipl

Ich habe mir also im Internet zusammengesucht, wie viele St. Jakobs infrage kommen. Inklusive Südtirol 16. In Worten, sechzehn! Da gehe ich nicht überall zu Fuß hin, kommt gar nicht infrage. Bin ja nicht mein eigener Feind. Wenn der Sinn des Lebens wäre, sich selbst zu quälen und zu kasteien, wäre das ein Totschlagargument für Suizid. Menschen, die glücklich sind oder wenigstens den Neid ihrer Mitmenschen schüren, wirken ja nicht gerade so, als müssten sie sich dafür wahnsinnig anstrengen. Dalai Lama, Bill Gates, Pamela Anderson, Udo Jürgens etc. Das muss auch anders gehen. Ich werde also mit der Bahn fahren oder mit dem Auto. Führerschein habe ich. Spät gemacht (ich glaube, mit 32), aber er gehört mir noch immer. Steht ja auch mein Name drauf, deswegen. (Schöne Vorstellung: Jeder Polizist, der einen Führerschein einzieht, darf diesen auch behalten und seinen Namen hineinschreiben. Besonders erfolgreiche Polizisten hätten dann so an die zehn, zwanzig Führerscheine und könnten bis an ihr Lebensende besoffen Auto fahren, weil sie immer genug Scheine hätten. Funktioniert im Prinzip wie der Geldverkehr. Geld wird nicht weniger, es gehört nur immer wem anderen. Jetzt ersetzen Sie »Geld« durch »Führerscheine« und Sie wissen, was ich meine.)

Heute bin ich auf der Suche nach dem ewigen Glück im Gastgarten eines Lokals im zweiten Bezirk von Wien zu sitzen gekommen. Ich wollte meinem Körper Sonne zuführen, auf dass die von Zukunftsängsten geschürten roten Flecken weniger werden. Quasi Sonnenflecken. Ich bin die Sonne, wenn man so will. (Und jetzt singen alle »Hier kommt die Sonne« von Rammstein ... na ja) Am Nebentisch sitzt eine adrette junge Dame mit drei nicht ganz so adretten, aber immer noch nett anzusehenden Herren, die ganz augenscheinlich in der Fernsehbranche tätig sind. Ich rieche so etwas, habe selbst lange genug in dem Gewerbe mein Unwesen getrieben. Sie, das habe ich schnell erkannt, ist eine bekannte Wetteransagerin (wie schön, das passt dazu, dass ich gerade die Sonne suche), und ihre Begleitherren sind Redakteure. Also Menschen, die nichts Wichtiges zum Gelingen einer TV-Sendung beitragen, aber sehr bemüht sind, ihre eigene Stellung als unentbehrlich zu manifestieren. Das ist ihre primäre Aufgabe. Keiner weiß genau, was TV-Redakteure machen, aber man ist sich einig, dass sie wichtig sind. Weil es genau das ist, was sie machen: wichtig sein. Ich höre ihnen zu und bin hellauf begeistert. Sie besprechen Banalitäten mit einer Inbrunst, die glauben macht, es ginge tatsächlich um etwas.

A: »Mir ist wichtig, dass wir das jeden Montag machen.«

B: »Ja, aber mir wäre recht, wenn eine gewisse Regelmäßigkeit in das Ganze kommt.«

C: »Ich gebe zu bedenken, dass das genau das Problem war, das wir früher hatten: Es war kein System im Sendungsablauf.«

Sie (die Wetterschöne): »Also, von mir aus. Aber ich sage gleich, dass ich das nur machen kann, wenn es ... wie soll ich sagen? ... nicht willkürlich, sondern ... äh ...«

A: »Wöchentlich?«

B: »Regelmäßig?«

Sie: »Ja, genau, wenn es so ist. Das sage ich gleich.«

Danach angestrengte Blicke, leicht bitteres Schweigen, und alle konzentrieren sich darauf, eine Lösung für diesen Existenz bedrohenden Interessenkonflikt zu finden. B blättert in seinen Unterlagen, um sich zu beruhigen, weil man fürchten muss, er würde sonst explodieren. A verengt seine Augen und wirkt wie Rambo, kurz bevor er mit der Kraft der Verzweiflung über eine sehr tiefe Schlucht springt, weil das der einzige Weg ist, die Welt zu retten. Die Augen von C sagen: »Wir werden alle sterben«, und die Wetterschöne ist schon etwas weniger schön.

Am Ende beschließen sie, das Thema zu vertagen. Man kann das Glück nicht erzwingen, und vielleicht ergibt sich ja an einem anderen Tag eine Lösung. Sieht aber jedenfalls nach einem arbeitsreichen Wochenende aus. Als die vier zahlen, bin ich zu der Überzeugung gelangt, dass hier die wirklich wichtigen Dinge angepackt werden, und dankbar, dass diese verantwortungsvolle Last nicht auf meine schmalen Schultern drückt.

Ist es möglich, den Jakobsweg nur in Gedanken zu beschreiten? Führt der Weg zum Glück am Nebentisch vorbei?

Jetzt setzen sich vier männliche Wesen um die fünfzig neben mich. Die Tatsache, dass sie Kleidung tragen, lässt keinen Zweifel daran, dass es keine Affen sind. Ansonsten hätte ich auf die Schnelle keine Indizien dafür entdeckt. Sie atmen, grunzen, rülpsen und unterhalten sich über die grundsätzlichen Unterschiede zwischen Wein und Bier. Sie wirken aber sehr bei sich und glücklich. Vielleicht sollte ich mich als Naturfilmer ausgeben und mich in einem Glas Bier verstecken, um zu erforschen, wie sie leben. Vielleicht reicht auch ein Umhang in Bierfarbe, unter dem ich mich verstecken kann, mit einem winzigen Loch für meine Kamera. Und dann beginnt natürlich das Warten. Das sieht man dann ja nie in der fertigen Tierdoku, aber Warten ist das kleine Einmaleins der Naturfilmer. Vielleicht verkleide ich mich auch als Aschenbecher oder als Maggiflasche. Für gute Bilder tue ich alles. Irgendwann werden sie schon Vertrauen zu mir fassen, ich werde Mitglied ihrer Horde und ihre Sprache lernen. Gorillas im Alkoholnebel. Schön.

Ich habe dann aber doch beschlossen, nach Hause zu gehen, um die Blumenkistchen an den Fenstern neu zu bepflanzen.

Nicht etwa, wie man vermuten könnte, mit Jakobsblumen, sondern mit Tagetes. (Ein verheerender Fehler! Saufen Wasser in Massen und werden riesig.) Die gelbe Jakobsblume (oder Jakobskraut) ist ein Heilkraut und die Nationalblume der Isle of Man. Dummerweise ist sie giftig, sie schädigt die Leber und wird deswegen von Landwirten nicht gerne gesehen (außer wenn sie gerade der Meinung sind, zu viel Vieh zu besitzen). Sehr beliebt hingegen ist das Jakobskraut bei den Raupen des Jakobskrautbären, einem hochattraktiven, rotschwarzen Nachtfalter. Die Raupen sind schwarzgelb (machen einen auf Wespe) und werden für ihre Fressfeinde giftig, wenn sie Jakobskraut fressen. Nicht blöd!

Es gibt übrigens ein St. Jakob (das im Walde in der Steiermark), das wiederholt zum schönsten Blumendorf der Steiermark und einmal sogar zum schönsten Blumendorf Europas gewählt worden ist. Von den vielen zweiten Plätzen im Landesblumenschmuckwettbewerb gar nicht zu reden. »Respect!« und »Shout out!«, wie wir Hip-Hopper da zu sagen pflegen. Ich habe nicht die leiseste Ahnung, wer wie und warum den Bewerb zum schönsten Blumendorf Europas ausrichtet und nach welchen Kriterien so etwas funktioniert. Wie eine Misswahl kann es wohl nicht sein. Schon allein deswegen, weil sich ganze Dörfer schlecht in einer Landdisco treffen können, um dann vor besoffener Landjugend und teilerregter C-Promijury über den Laufsteg zu wackeln. Schon gar nicht in Blumenschmuck. Oder gibt es da geheime Tester? Wie beim *Gault Millau?* Also auffällig unauffällige Herren mit Hut und Sonnenbrille, die sich als Touristen auf der Suche nach Landfrische ausgeben, aber in Wahrheit Tester sind? Geschickt von der Stiftung für Blumen und Schmuck in Berlin? Verschwiegene Einzelgänger, die nicht einmal ihren Familien erzählen, was sie beruflich wirklich machen? Weil es einfach zu riskant wäre und die Sache gefährden könnte? Die Suche nach Europas schönstem Blumendorf. Ich weiß es nicht. Vielleicht haben auch nur die Leser der Zeitschrift *Der gute Blumenschmuck* abgestimmt. Alle elf Abonnenten haben ihre Stimme abgegeben, und St. Jakob im Walde hat eben gewonnen. Sie merken, es gibt viele Mysterien, wenn man sie nur finden will.

Zurück zu meinen Fensterkistchen. Die Zwiebeln und Samen, die ich einige Wochen davor verscharrt habe, sind unwiederbringlich verloren und denken nicht daran, in Form von Pflanzen mein Leben zu verschönern. Vielleicht habe ich auch besonders neidige Nachbarn, die sich nächtens vom Dach unseres fünfstöckigen Zinshauses abseilen, um heimlich Tulpenzwiebeln aus meinen Fensterkistchen auszugraben. Weil sie mir das bunte Glück blühender Tulpen nicht gönnen. Man kann und sollte nie irgendetwas ausschließen, ich gebe aber schon zu, dass diese Möglichkeit sehr unwahrscheinlich ist.

Als ich dann dabei war, nach Hause zu gehen, hat mein sehr schickes Telefon (die Marke, die so ähnlich heißt wie »Birne«, nur auf Englisch!), geläutet. Xaver war dran und hat gemeint, er wäre in der Gegend und hätte gerade Lust auf ein Bier. Oder zwei. Oder drei. Xaver wohnt um die Ecke und hat eigentlich immer Lust auf zwei Bier. Oder mehr. Insofern keine große Überraschung. Und weil ich einer jener Menschen bin, bei denen der Geist so schwach ist wie das Fleisch, habe ich sofort zugesagt. Vor die Wahl gestellt, den Weg zu meinem inneren Glück zu suchen, Fensterbänke zu bepflanzen oder Bier zu trinken, entscheide ich mich meistens für Letzteres. Eigentlich immer. Darum verunsichern mich Wein und Bier viel weniger als Dinge wie ... ja ... also, eben Dinge wie Jakobsweg, Therapie, Professional Coaching und das ganze Zeugs. Weil ich mehr Zeit darin investiere. Eigentlich dumm. Aber man sagt, dass man nie aufhört zu lernen. Ich weiß nicht, ob das stimmt. Weil wenn man das ganze Wissen seiner Eltern, Großeltern und Urgroßeltern und Ururgroßeltern usw., wenn man das alles dazunähme und dann vielleicht auch noch ein paar Reinkarnationen (Natürlich gibt es die, dem Universum ist ja nicht fad. Warum sollte es also dauernd neue Menschen erfinden, wenn es schon tote gibt, die man nur zu reinkarnieren braucht.) ... also, wenn man das alles zusammennimmt und dann den lächerlichen Kleinscheiß addiert, den man in seinem eigenen Leben gelernt hat, dann müssten lauter unfassbar weise Menschen herumlaufen. Tun sie aber nicht.

Der Kleinscheiß, den ich bisher in meinem Leben gelernt habe:

Erster Eindruck ist fast immer richtig. Wie bei Kindern. Wenn das Gefühl »Arschloch« sagt, dann ist es meistens auch eines. Der Verstand sagt zwar im Bruchteil einer Sekunde darauf: »Ist aber eh recht okay«, oder:

»Nett«, aber der Verstand ist ein verlogener Hund, ein angepasster. Der hat gelernt, das Maul zu halten und sich mit der Welt und der eigenen Angst zu arrangieren. Das Gefühl hingegen ist ein cooler Hund. Hat Sonnenbrillen auf, scheißt sich nichts und hat Spaß dabei. Jedenfalls: erster Eindruck = wichtig.

Außerdem habe ich gelernt: Im Nachhinein ist alles immer viel weniger schlimm. Wenn man von etwas überzeugt ist, dann sind es bald auch alle anderen. Problem: Warum sind so viele Vollidioten von sich und ihren Ideen überzeugt?

Schließlich kann ich einigermaßen mit einer Nähmaschine umgehen, Sequencer programmieren und Blockflöte spielen. Blockflöte spielen kann freilich jeder Pfosten. Die Existenz von Flötenlehrerinnen ist – abgesehen davon, dass sie meist sehr nette und angenehme Menschen sind – völlig unnötig. Wenn jemand nicht Blockflöte spielen kann, sollte man überprüfen, ob er oder sie atmen, zu Fuß gehen und sich den Hintern auswischen kann. Oder ob er oder sie vielleicht nicht doch ein Cyborg ist. Oder ein Tisch. Oder ein Philodendron. Also Lebensformen, bei denen man zu Recht davon ausgehen kann, dass sie nicht Blockflöte spielen können. Bei Menschen akzeptiere ich das nicht.

Jedenfalls bin ich dann mit Xaver in unser Stammlokal gegangen und habe versucht, Hirn, Augen und Ohren voneinander zu trennen. Ich muss das machen, wenn ich mit Xaver unterwegs bin. Würde ich Ohren und Hirn nicht entkoppeln, müsste ich über den ganzen Wahnsinn nachdenken, den er mir erzählt. Und wären meine Augen weiter mit meinem Hirn verkabelt, könnte ich nicht scheinbar auf ihn reagieren und zugleich am Telefon meine Facebook-Einträge abfragen. So aber wackelt mein Kopf in periodischen Abständen wie bei einem Wackeldackel, mein Mund sagt hin und wieder: »Ah ja, jaja, soso«, und meine Augen und Ohren checken Facebook und E-Mails, während mein Hirn ganz woanders ist. Meistens dabei, sich Sorgen zu machen und zu überlegen, wie ich am besten, einfachsten und dauerhaftesten die Weltherrschaft, Ruhm, Reichtum und große Zufriedenheit erringen könnte.

Das ist, wie Sie sich unschwer vorstellen können, sehr anstrengend, und nicht zuletzt deshalb würde ich gerne damit aufhören.

Freitag, 1. Mai

Ich bin heute das erste Mal seit Jahren nicht vom Mai-Aufmarsch geweckt worden. Die letzten ihrer Art marschieren jedes Jahr am 1. Mai durch die Straße, in der ich wohne und spielen dann am Rathausplatz »Moskau, roter Platz 1976«. Früher dachte ich immer, das sei eine Art Faschingsumzug. In etwa so wie bei den Amerikanern, die in Originalkostümen die Schlacht von Gettysburg nachstellen. Oder wie die Niederösterreicher, die sich gerne wie römische Legionäre aus Carnuntum verkleiden. Mein Gott, warum nicht? Ich verkleide mich ja auch gerne. Und wenn man dann noch einen Haufen Gleichgesinnte hat, mit denen man frei von jedem falschen Schamgefühl Rollenspiele machen kann, bevor man sich betrinkt ... Würde mir auch gefallen. Jedenfalls dachte ich früher immer, dass das am 1. Mai am Rathausplatz so ähnlich funktionieren würde. Dicke Männer mit grauen Haaren, die rote Nelken halten und laut schreien. Das hat mich an die Nachrichten aus meiner Kindheit erinnert, an Breschnew und Andropow. Also habe ich geglaubt, die machen so etwas Ähnliches wie die Herren, die in Niederösterreich als römische Legionäre gehen.

Jedenfalls haben die Lauser mich heute nicht aufgeweckt. Gegen halb neun in der Früh marschieren sie normalerweise lärmend an meinem Fenster vorbei. Vielleicht war ich zu betrunken und habe sie deswegen nicht gehört. So gesehen müsste ich Xaver dankbar sein, dass ich wegen seiner Verführungskunst den Einmarsch der Roten Armee verschlafen habe. Auch nicht schlecht.

Ich schreibe mir auf Post-it-Zettelchen gerne auf, was ich an einem Tag zu erledigen gedenke. Natürlich ist das immer viel zu viel. Wenn ich es aber nicht tue, erdrückt mich das Chaos und das schlechte Gewissen quält mich, dass ich nichts weiterbringe. Wenn ich es tue und alles gewissenhaft aufschreibe, dann quält mich freilich das schlechte Gewissen, nicht einmal einen Bruchteil des Pensums abgearbeitet zu haben, und die schiere Masse an Erledigungen, die es theoretisch gibt, erdrückt mich. Die Erkenntnis, was ich alles nicht erledigen kann – an einem Tag, einer Woche, nicht in einem Leben –, die ist sehr niederschmetternd. Immer wieder. Weil das alles so erdrückend ist, habe ich vermutlich sehr schlechten Stuhlgang gehabt.

Na ja, ich schreibe also auf einen gelben Post-it-Zettel, was ich so alles vorhabe: ein TV-Konzept fertig ausarbeiten, eine Zeichentrickserie erfinden und fertigstellen, zwei Bands produzieren, einen Cartoon für eine Zeitung konzipieren und schreiben, ein Theaterstück schreiben, an die Sonne gehen, für meinen inneren Frieden sorgen, ausgeglichener werden usw. Um es kurz zu machen: Ich bin mit meinen Vorhaben wieder einmal grandios gescheitert.

Vielleicht war es doch zu viel für einen Tag. Ich sollte mir vielleicht weniger vornehmen oder kleinere Dinge, dann sind die Erfolgserlebnisse größer. Schuhe binden. Oder Zähneputzen. Einen Tee trinken und Blumen gießen. Das sind zum Beispiel Dinge, die ich an einem Tag erledigen könnte.

Ich habe immerhin ein Lied aufgenommen. Ist ja auch der Tag der Arbeit, da kann man Fünfe auch mal gerade sein lassen. Ansonsten surfe ich ausgiebig im Internet, checke E-Mails und programmiere sehr viel Musik. Wenn ich nicht genau wüsste, dass es nicht stimmt, könnte ich glauben, ich sei Musikproduzent und Computertechniker. Irgendetwas läuft da falsch.

Ausserdem

Ich habe per E-Mail zugesagt, bei einer Benefizgala für Immigranten aus Afrika aufzutreten. Nicht weil ich glaube, dass ich nicht schon genug mache, oder weil ich mich für einen besonders guten Menschen halte, nein: Ich soll etwas zum Verlosen hergeben. Weil ich nichts habe, was fremde Menschen gerne in einer Tombola gewinnen würden, habe ich versprochen, eine Rolle in meinem nächsten Buch zu verlosen. Mal sehen, wer gewinnt. Außerdem: Wenn ich mir schon Gedanken mache, wie man die innere Mitte findet, Weltfrieden und Glück erlangt, dann ist so eine Benefizgala, wo den Beteiligten vor lauter

Gutheit das Wasser in den Augen steht und wo der Speichel in Strömen fließt, sicher keine schlechte Inspiration. Karmapunkte sammeln und so.

Am Abend dann Essen in einem Lokal für etwas bessere Leute außerhalb von Wien. Meine Schwiegermutter hat einen Geburtstag, den es zu feiern gilt. Für gewöhnlich lässt man zu solchen Anlässen einen durchschnittlichen Mittelklassewagen in der Küche irgendeines Nobelrestaurants. Und ich muss zugeben, obwohl ich mir selbst nie einen solchen Gourmettempel leisten würde – meistens schmeckt es tatsächlich beeindruckend.

Diesmal beeindruckt das Lokal der Wahl mit der Mitteilung in der Speisekarte, dass einmal im Monat nach original antiken römischen Rezepten gekocht wird. (Ha, ein Zeichen! Die Römer haben schließlich den hl. Jakob geköpft.) Heute leider nicht. Schade, ich hätte gerne gewusst, was man fachgerecht isst, wenn man Gladiatoren dabei zusieht, wie sie mit Schwertern Gedärme umrühren, während mir eine germanische Sklavin Luft zufächert.

Die Enttäuschung verblasst aber neben der grenzenlosen Begeisterung über die sagenhaft unfreundliche Chefin. Tadellose Optik, Stil »Internatsoberin«. Sie lässt keinen Zweifel daran, dass man als Gast ausgesprochen ungebeten ist. Dass man einen Tisch für acht Personen reserviert hat, ist ihr unendlich egal. Ihre Stimme hat die Lautstärke und die Bestimmtheit einer Antiterroreinheit am Megafon (»Ergeben Sie sich, das Haus ist umstellt!«) und ihre Hantigkeit wird nur mehr von ihrer augenscheinlichen Eitelkeit übertroffen. Am Weg zur Toilette hängen gut einsehbar Urkunden und Fotos mit niederösterreichischen Lokalpolitikern. Ein recht bekannter Architekt, der sich aus welchen Gründen auch immer seit Jahrzehnten als Karikaturist geriert und es vielleicht auch irgendwann lernen wird, hat eine Zeichnung abgelaicht. Widmungen von Tourismus- und Gastronomieverbandspräsidenten, gehetzt dreinblickende Lokalprominenz, die sich gerade wieder gegenseitig irgendeinen Krämerpreis oder Fördergeld zugeschanzt hat ... und mittendrin immer wieder die gestrenge Internatsoberin. Sie sieht gut aus, keine Frage, aber ich bin mir sicher, dass sie jedes Mal, bevor eines dieser Fotos gemacht worden ist, ein paar Walnüsse mit ihren Pobacken geknackt hat, um ein wenig Entspannung in ihr Antlitz zu zaubern. Gelungen ist es ihr nicht.

Sollte ich jemals auf der Flucht vor den Ägyptern das Rote Meer durchqueren müssen, werde ich ein Foto von der Internatsoberin herzeigen. Das Wasser wird die Luft anhalten, sich teilen und regungslos verharren, bis ich durchgeschritten bin. Irgendwann, wenn ich schon längst an Land und in Sicherheit bin, wird ein Fisch um die Ecke lugen und rufen: »Tschief, sie ist weg!« Das Wasser wird erleichtert ausatmen und wie eine Sturzwelle über den Sinai schwappen. Und all das wegen der gestrengen Internatsoberin, die eigentlich Wirtin ist.

Gute Meldung, die ich heute gehört habe, im Zusammenhang mit Tourismus in der Türkei und den Urlaubsgästen, die man dort so trifft: »Die Russen sind die Deutschen von heute.« Schön.

Samstag, 2. Mai

Sollte man den Weg zu sich selbst durch langes Schlafen finden können, hätte ich gute Chancen, ein Erleuchteter zu werden. Ein Buddha mit Alkohol und Zigaretten. Ein Hockenbleiber vor dem Herrn, ein Trunkenbold, von Wollust und Faulheit getrieben, aber hochzufrieden mit sich selbst. Eigentlich spielt es ja gar keine Rolle, ob ein Religionsgründer besonders gute Taten vollbringt. Er kann leben wie der letzte räudige Hund, solange er damit zufrieden ist und ein glückliches Leben führt, ist er nachahmenswert und befähigt, als Religionsgründer aufzutreten. Egal was man tut und was einem widerfährt, wichtig ist nur, was man dabei empfindet und wie man damit umgeht. Die alte Geschichte von den geistig Armen, die glücklich sein sollen. Also nicht direkt, aber so zirka.

Es muss so funktionieren, sonst könnte es in Ländern der Dritten Welt (Ich weiß, »Dritte Welt« sagt man nicht. Und? Sonst keine Probleme, Klugscheißer? Oder muss ich jetzt auch »KlugscheißerIn« sagen?) keine glücklichen Menschen geben, und in Industriestaaten, wo die Leute mehrere Handys besitzen und mehr essen als nötig, wäre das Glück daheim. Das ist aber nicht so, wie wir wissen. Ein beruhigender Gedanke. Jeder kann glücklich sein, zumindest theoretisch.

Ich habe übrigens noch immer nicht besonders viel über die St. Jakobs herausgefunden, die ich zu bereisen gedenke. Egal. Genauso gut könnte ich alle Orte bereisen, die ein stummes H im Namen haben. Also zum Beispiel Hehlstadt, falls es das gibt. Aber letztlich ist es eben völlig egal, ob man nach Santiago de Compostela wandert oder nach Attnang-Puchheim. Dass der liebe Gott sich lieber an der spanischen Atlantikküste offenbart als in Oberösterreich, könnte ich zwar verstehen, es ist aber meiner bescheidenen theologischen Bildung zufolge sehr unwahrscheinlich. Trotzdem hatschen sie alle wie die Lemminge auf dem Jakobsweg nach Santiago und nicht die Westbahn entlang nach Attnang-Puchheim. Selbstfindung als Produkt von Marketing?

Ich habe aber endlich herausgefunden, was Santiago mit Jakob zu tun hat. Man muss es nur aufdröseln: »Sant-Iago« – heiliger Jakob. Grandios, nicht? Halten Sie mich ruhig für einfältig, aber ich bin da sehr lange nicht draufgekommen. Jetzt wo ich es weiß, fühle ich mich sehr bereichert und überlege, meinen Sohn Jakob zu taufen (ich habe zwar noch keinen Sohn, ich habe aber auch noch keinen Baum gepflanzt). Nur Jakob, ohne »heiliger«. Trägt doch ein bisschen auf. Obwohl ... Helmut Jakob vielleicht. Und dann das »Helmut« mit »Hl.« abkürzen. Hl. Jakob Haipl, warum nicht? Das »Haipl« könnte man dann auch noch abkürzen und übrig bliebe »Hl. Jakob Hl.« Nicht schlecht für einen potenziellen Religionsgründer.

Erstaunlich übrigens, dass so wenige Menschen versuchen, ihre Kinder zu Religionsgründern zu erziehen. Eisprinzessin, Rennfahrer, DJ Ötzi ... jeder Schmarren wird den Kindern eingetrichtert. Aber dass man eine Religion gründen könnte, diesen Gedanken geben nur wenige Erziehungsberechtigte ihrem Nachwuchs mit auf den Weg. Dabei hätte man ja auch selbst was davon. Wenn man bedenkt, was aus dem Vater von Jesus geworden ist ... nicht so schlecht.

Von wegen Santiago und nicht merken, was das heißt: Ich habe zirka fünfzehn Jahre gebraucht, um zu erkennen, dass Peter Pan, die Band meines Freundes Peter Pansky, nicht zufällig so geheißen hat oder weil er so ein Fan von Kindermärchen und Elfen ist, sondern weil ...

tja ... warum wohl? Richtig, weil er selbst so heißt. Mit »sky« am Schluss. Für andere mag das offensichtlich sein. Ich habe sehr gestaunt und mich gefühlt, als hätte ich gerade herausgefunden, wie man aus dem Nichts Energie erzeugt.

Egal. Ich habe wieder einmal lange geschlafen, nichts über St. Jakob herausgefunden und nicht einmal ein Lied aufgenommen. Wieder den ganzen Tag im Internet herumgesaust und mit *Ableton Live* gebastelt. *Ableton Live* ist eine Musiksoftware, und ich spiele morgen ein Konzert mit meiner grandiosen Band Heirstyle. Damit mir selbst nicht zu langweilig wird, suche ich die technische Herausforderung und programmiere kleine Tricks und Spielereien. Die bemerkt auf der Bühne zwar niemand, und ich könnte genauso gut meine E-Mails abrufen, statt wie besessen auf dem Laptop herumzudrücken, aber mir ist dann eben nicht so langweilig. Ist ja auch was wert.

So, ich habe also den ganzen lieben Tag damit zugebracht, Schnickschnack zu programmieren, damit ich musiktechnisch auf dem letzten Stand bin und könnte mich ganz schön lässig, modern und vorne dabei fühlen. Dummerweise ist mein Laptop schon etwas über drei Jahre alt und nicht annähernd mit dem avantgardistischen Ehrgeiz gesegnet, der mir innewohnt. Die Sau stürzt in einem fort ab. Das wäre zu Hause nicht weiter schlimm, weil ich ihn dann einfach nur neu starte und gut ist's. Auf der Bühne wäre mir das aber doch ein wenig unangenehm. Es sieht einfach nicht so sexy aus, wenn ein vermeintlicher Buchhalter auf der Bühne technische Probleme hat, wie wenn einer langhaarigen Rocksau die Saite am Stromruder reißt.

Am Abend hätte ich zu der Überraschungsgeburtstagsfeier eines Schulfreundes gehen sollen. An sich eine nette Idee, und ich hätte ihn tatsächlich ganz gerne wieder einmal gesehen. Aber ein Blick auf die Empfängerliste im Einladungsmail seiner Frau hat mich vor größerem Unglück bewahrt: ein Sammelsurium an Medien- und Politprominenz, Posertum der übelsten Sorte. Mir sind Menschen verdächtig, die mit fortschreitender Karriere ihren Freundeskreis wechseln. Es liegt der Verdacht in der Luft, dass das gar keine echten Freunde sind. In meiner Branche heißt das: erst niedrige Radioreporter und Bezirksjournalisten, dann TV-Gestalter und TV-Moderatoren, dann Kabarettisten der zweiten und schließlich solche der ersten Reihe. Irgendwann sind alle diese »Freunde« wieder nutzlos und man wird bester Freund – von Fernsehdirektoren, Politprominenz und Künstlern. Ist effizienter, als sich mit dem niederen Fußvolk herumzuschlagen.

Wie mir vor solchen Menschen graut. Schrecklich! Wünsche ihnen trotzdem, dass sie nie echte Freunde brauchen werden. Das wäre dann hart. Und so blöd das jetzt klingen mag: Ich wünsche niemandem etwas Schlechtes. Nicht einmal dem größten Vollidioten. Warum auch? Ich habe nichts davon. Deswegen. So.

Die Poser-Geburtstagsparty habe ich also ausgelassen. Tut mir leid, lieber Freund, aber du hast zu viele Freunde. Alternativ hätte ich zur Kabarettpremiere eines Kollegen gehen können. Inhaltlich sicher interessant, allerlei Premierenpublikum, interessierte Menschen aus dem alternativen *Seitenblicke*-Milieu. Ich habe nachgedacht und mich dafür entschieden, mit Xaver trinken zu gehen. Wir haben außerdem Pommes Frites gegessen. Er hat für seine Verhältnisse recht wenig gejammert, ich habe überprüft, ob er eh noch lebt, und dann haben wir weiter getrunken.

Ich habe es nicht bereut.

Sonntag, 3. Mai

Ich habe ein klein wenig schlechtes Gewissen, weil ich vor zwei Tagen so hemmungslos über die Internatsoberin gelästert habe. Was wenn sie das jemals liest? Wird sie dann beleidigt sein? Böse? Werde ich Hausverbot bekommen? Wird sie mir dann vorwurfsvoll erklären, dass sie gar nicht wirklich erzürnt ist, vielmehr sehr enttäuscht?

Ich habe heute die Tür zu einem Badezimmerkasten angeschraubt. Der Badezimmerkasten selbst hängt schon länger dort, aber bisher eben ohne Tür. Das Besondere daran ist: Das Ding ist nicht angeschraubt, weil man zu Recht befürchten muss, auf Erdgas zu stoßen, das in zahlreichen Leitungen in der Wand von und zur Therme strömt. Also hat ein Handwerker auf Vermittlung meines Vaters das Ganze an die Fliesen geklebt. Keine Ahnung, wie das im Detail funktioniert (doch, habe ich schon, aber das würde jetzt zu weit führen, und außerdem ist es meinem Image als weltfremder, spiritueller Künstler abträglich, wenn ich hier anfange, Heimwerkertipps zu geben). Jedenfalls musste der Kleber eine Zeit lang trocknen, und so lange durfte man das wirklich tadellos verspiegelte Teil vom großen Schweden nicht belasten. Also habe ich die Badezimmerkastentür erst jetzt angeschraubt. Etwas schief, aber dafür war ich schnell.

Der Schutzpatron der Arbeiter und Kettenzieher ist übrigens der hl. Jakob, der Ältere. Ich wiederum bin stolzer Besitzer eines Akkuschraubers, und wenn man auf so etwas steht, habe ich damit sicher sehr sexy ausgesehen. Ich habe nämlich meinen Pyjama angehabt. Es ist so: Wenn ich morgens aufwache, kann ich meistens nicht mehr einschlafen (siehe Mai-Aufmarsch). Wie es der Teufel will, bin ich heute recht früh aufgewacht – zumindest für einen Sonntag. Wahrscheinlich bin ich ein bisschen nervös und aufgeregt wegen dem Konzert am Abend. Gut, was macht man also mit einem angebrochenen Sonntagmorgen, wenn man nicht mehr schlafen kann? Ich für meinen Teil habe den Pyjama angelassen – ich glaube, ich habe noch nicht einmal Zähne geputzt –, und schon habe ich den Akkuschrauber in der Hand gehabt. Dazu ein paar Schrauben und eine verspiegelte Kastentür unterm Arm. Hat vermutlich eher seltsam ausgesehen. Wirklich leise ist so eine Schraubmaschine ja nicht. Aber die Frau hat einen gesegneten Schlaf. Außerdem kann sie aufwachen und wieder einschlafen. Zwei Eigenschaften, um die ich sie sehr beneide.

Im Grunde bin ich fast immer froh, nicht Thema einer Reality Soap zu sein. Gene Simmons, Ozzy Osbourne, Richard Lugner ... nein, da würde ich nicht mitmachen wollen. In diesem speziellen Moment war ich aber besonders froh, nicht Thema einer Reality Soap zu sein: Mann um die vierzig in Pyjama mit zerzaustem Haar steht in der Badewanne, Schrauben im Mund, Schraubmaschine in der Hand, Kastentür geschultert, und versucht, den ganzen Zinnober lautlos zu montieren, um die Frau nicht aufzuwecken. Dummerweise steht in der Badewanne ein wenig Wasser. Der Mann hat Socken an, weil er sich nächtens leicht verkühlt. Die Socken werden nass, er rutscht aus, flucht, die Maschine jault auf, eine Schraube verliert sich in den unendlichen Weiten des Badezimmers, die andere verschluckt er beinahe ... es ist kein würdevolles Bild, das ich abgebe. Wenn es irgendwie geht, würde ich lieber als sehr cooler Allroundkünstler in Erinnerung bleiben. Na ja, auch egal. Die Tür hängt – etwas schief, aber das macht ja auch den Charme von Selbstgemachtem aus, nicht wahr? – und basta.

Irgendwann habe ich mich tatsächlich geduscht und angezogen, bevor ich versucht habe, dem Tag etwas Sinnvolles zu entlocken. Geworden ist daraus wieder ein ausgiebiges Internet-Surfen und E-Mail-Checken. (Gott sei Dank habe ich zwei Computer und ein iPhone. Ich weiß zwar, dass auf allen dreien das gleiche Internet läuft, aber wirklich glauben tue ich es nicht. Deshalb laufe ich getrieben zwischen den Geräten hin und her, um zu überprüfen, ob nicht doch auf dem Laptop etwas Interessanteres zu sehen ist als auf dem Desktop oder dem iPhone.) Außerdem habe ich am Musikprogramm nervös herumgeschraubt, versteht sich von selbst. Heute Abend werden wir rocken wie Sau, und ich bin der Messias des Electrocyberrock. (Auch liegt ein Verweis auf den hl. Jakob nahe. Immerhin ist der große Komponist Puccini nach ihm benannt. Giacomo Puccini. Und Giacomo ist nun einmal die italienische Version von Jakob. Also, passt!)

Am Nachmittag verspüre ich große Lust, das durchaus schöne Wetter zu genießen. Ich schnappe mir meinen Laptop und marschiere zu dem Lokal, wo ich schon vor ein paar Tagen war, mit der Wetterdame und ihren TV-Redakteuren. Nicht ganz ums Eck, aber fast. Umso enttäuschender, dass das Lokal geschlossen hat. Strahlender Sonnenschein im Gastgarten, aber geschlossen. Ein Skandal. Gut, setze ich mich eben in den Garten der Pizzeria gegenüber. Die werden sich schon freuen, mich zu sehen. Tun sie auch, und zwar so sehr, dass sie einen Stromausfall haben und im Wesentlichen nichts kredenzen können außer Salat und Cola. Ich entscheide mich für Letzteres, weil Salat als Getränk einfach noch nicht ausgereift ist. Ich setze mich mit einem (oder einer?) Cola an einen Tisch an der Sonne und packe meinen Laptop aus, auf dem ich im Sonnenlicht ohnehin praktisch nichts lesen kann. Aber es ist trotzdem der gelebte Feuchttraum eines jeden Großstadtbobos: zweiter Bezirk, In-Pizzeria, Freiberufler mit Apple-Laptop beim Kreativ-Arbeiten. Wahnsinn! Ach ja, das iPhone habe ich natürlich auch dazugelegt. Wie idyllisch. Jetzt brauche ich nur noch ein paar Ideen aus dem

Hut zaubern, Konzepte formulieren, ab mit dem Mail, und unermesslicher Reichtum ist mir sicher. So ähnlich funktioniert das doch in Büchern und Filmen, in denen es um die Kreativbranche geht.

Die Kellnerin kommt vorbei und teilt mir mit, dass der Strom wieder funktioniert. Wenn ich also zu meinem Cola vielleicht noch etwas essen will … oder ein warmes Cola, dann könnte man das jetzt rein technisch tadellos hinbekommen. Ich bedanke mich artig und versuche weiter, im Sonnenlicht irgendetwas Brauchbares auf dem vermaledeiten Hochglanzdisplay zu erkennen, da sehe ich am Nebentisch – Xaver. Wie ein zerknautschter Schutzengel, der mich immer begleitet, sitzt er da und passt auf, dass niemand sein nagelneues Weißbier stiehlt. Bevor er mich anruft und mir lang und breit erklärt, wo er ist und warum ich da auch hinkommen soll, ist es wahrscheinlich sinnvoller, kurz rüberzurufen. Das tue ich dann auch. Das Helau ist groß, und es werden schließlich drei Bier, zwei Cola und eine sehr fettige Salamipizza.

Mir ist angenehm schlecht, und ich kann jetzt ruhigen Gewissens zum Soundcheck fahren. Nervös bin ich sowieso, das Essen habe ich hinuntergeschlungen, es gibt also eine realistische Chance, dass ich mir einen völlig verdorbenen Magen hole. Das würde mich insofern besonders freuen, als das Fluc, das ich heute Abend zu beschallen gedenke, für vieles bekannt ist, nicht aber für seine fortschrittlichen Sanitäreinrichtungen. Genau genommen ist schon der Gedanke daran eine Beleidigung für jeden Menschen mit Sinn für Reinlichkeit. Obwohl, das ist schon zu viel gesagt – »für jeden Menschen, der keine explizite Drecksau ist« trifft die Sache besser.

Der Techniker ist von seinem Beruf nicht extrem begeistert, zumindest wirkt er nicht so. Ich werde mich aber nicht dafür entschuldigen, dass wir heute Abend hier spielen und dass er deswegen ein bisschen mehr Aufwand hat, als wenn sagen wir mal ein DJ auflegen würde. Oder wenn er überhaupt Urlaub hätte. Große Unwilligkeit ist im gesamten Bereich des Lokals auszumachen. Wenn Leistungsdenken und Kapitalismus irgendwo keine Chance haben, dann hier. Aber irgendwie auch wieder sehr charmant.

Eigentlich nicht wirklich, aber man möchte ja höflich sein. Die Club-Betreiber sind tatsächlich sehr nett. Wir spielen um elf oder zwölf, ich weiß es nicht mehr. Ich rauche sehr fleißig, trinke Bier. Viele Leute sind nicht da, dafür sind sie auch nicht besonders enthusiasmiert. Stehen eher betont cool in der Gegend rum und schweigen. Wir spielen trotzdem sehr schön, macht mir Spaß und rockt. Der Laptop stürzt nicht ab, ich bin begeistert. Nach dem Gig kommt ein Cool-in-der-Gegend-Rumsteher nach dem anderen auf uns zu, um zu erklären, dass es ihm eigentlich total super gefallen habe, aber er habe sich nicht getraut, als Einziger »Zugabe« zu schreien. Das müssen wir doch verstehen. Keiner wolle auffallen und als uncool gelten. Und uncool definiert sich nun einmal darüber, dass man Emotionen zeigt. Und warum wir denn nicht länger gespielt haben, und wie schade, dass alle Leute so fad usw.

Ich fasse es nicht. Sind Menschen überall auf der Welt so daneben? Oder ist das ein österreichisches Phänomen? Oder ein Wienerisches? Oder hat das was mit mir zu tun?

Nein, ich werde nicht darüber nachdenken.

Jeder kann glücklich sein,
zumindest theoretisch.

Clemens Haipl

Montag, 4. Mai

Das Wetter benimmt sich nicht so, wie man es von einem anständigen Mai erwarten könnte. In der Nacht hat es gestürmt und geregnet, und ich bin auf der Wohnzimmercouch aufgewacht. (Dort schlafe ich freiwillig, wenn ich rauche und dem Vergorenen besonders zuspreche. Der daraus resultierende Geruch ist nichts, worauf ich besonders stolz bin.) Ich wache also auf der Wohnzimmercouch auf und habe weder das Gefühl, ein Rockstar zu sein, noch fühle ich in mir die Segnungen des hl. Jakob. Im Gegenteil, im Gaumen sitzt der Beelzebub und im Nacken die Verspannung (so eine Bassgitarre wiegt mehr, als man glaubt).

Nach einem gehaltvollen Frühstück bestehend aus Actimel und Schwarztee beschließe ich, den Jakobsweg mit dem Datenhighway kurzzuschließen und google nach »St. Jakob«. Ungefähr 1.380.000 Einträge. Die ersten: Bergbahnen, Urlaub im Pillerseetal, eine Pfarre in Deutschland. (Die muss ich leider auslassen. Wenn ich Deutschland in die Suche nach dem ewigen Glück mit einbeziehe, könnte das Unternehmen unüberschaubar werden – und das meine ich überhaupt nicht zynisch.) Ein Behindertenheim in der Schweiz habe ich auch gefunden. Das lassen wir vielleicht auch weg.

St. Jakob im Pillerseetal gefällt mir ausnehmend gut: 630 Einwohner und 900 Gästebetten. Das heißt, wenn die ausgebucht sind, könnten die Gäste den Ort rein zahlenmäßig übernehmen. Kapern und entführen. Passiert nicht oft, aber warum nicht? Ich würde gerne ein hübsches Bergdorf kapern und entführen. Oder eine Südseeinsel.

Unter der Überschrift »Geschichte« lernen wir Folgendes: *St. Jakob in Haus: Der Name »Haus« geht in St. Jakob vermutlich auf einen sehr alten, bereits vor der endgültigen Besiedlung bestehenden Einödhof zurück. St. Jakob in Haus heißt nun: der heilige Jakob im Ortsteil Haus. Der Kirchenpatron ist personifiziert für die Kirche. Das Wappen zeigt drei goldene Jakobsmuscheln, wie sie einst die Jakobs-Pilger auf ihren Kleidern aufgenäht hatten. Darüber befindet sich ein schwarzer Sparren, der an einen Hausgiebel erinnert und die Siedlungsbezeichnung »Haus« symbolisiert.*

Na bitte: Einödhof, Pilger ... klingt doch ganz passabel. Muss mir das mal in Ruhe ansehen.

Ich habe vergessen, dass ich heute zum Internisten muss. Ich habe erhöhten Blutdruck, und es ist nicht auszuschließen, dass ich einen verfrühten, völlig würdelosen Tod erleiden werde. Ich will das nicht, also Abgang zum Internisten. Seine Sprechstundenhilfe muss er von seinem Vater, der sicher auch Arzt war, übernommen haben. Als Erbstück oder eine Art Leibrente, was weiß ich. Freiwillig setzt man sich so einen Drachen nicht in die Ordination. Das möchte ich rundheraus ausschließen. Zumal der Arzt und seine Assistentinnen nett und hübsch sind und, soweit ich das beurteilen kann, auch kompetent. Aber die Sprechstundenhilfe ... mein lieber Herr Gesangsverein.

An ihrem Tisch staut sich eine Schlange, die bis zur Eingangstür reicht, ich schätze zehn Personen. Eine illustre Mischung aus starken RaucherInnen und TrinkerInnen und ein wunderschönes älteres Ehepaar aus der Neigungsgruppe »Wir sehen aus wie die Klestils oder Waldheims«. Er in ordentlichem Anzug, hochroter Kopf und ganz offensichtlich schon an dem einen oder anderen Herzinfarkt vorbeigeschrammt. Sie im feinsten Trachtenkostüm, eine Frisur, für die sich ihr Coiffeur bestimmt große Mühe gegeben hat (vielleicht hat er sie aber auch nur ausgelacht), und sehr eifrig bemüht, den Eindruck zu vermitteln, dass die beiden, vor allem aber sie, nur durch eine Verkettung unglücklicher Zufälle oder eine üble Laune Gottes in dieser elenden Proletengegend gelandet sind. Vielleicht waren sie mit ihrem Mercedes Arbeiter schauen, wie früher die Familien in Gänserndorf im Safaripark. Sie wollten einfach einmal raus aus Hietzing und etwas anderes erleben. Also sind sie ins Auto gestiegen, um Hackler und Proleten in ihrem natürlichen Umfeld zu beobachten. Sie hat ein paar Leberkässemmeln gekauft, obwohl sie weiß, dass das Füttern verboten ist (zumal aus dem Auto), und justament hier, in dieser Ungegend, ist ihnen dann das Auto eingegangen. Er hat sich darob sehr erregt, und weil kein anderer verfügbar war, muss man eben jetzt mit dem Buschinternisten vorliebnehmen.

Der Ordinationsdrache scheint einen Anflug von Respekt vor der Trägerin der Edith-Klestil-Memorialfrisur zu haben, denn sie darf sich nicht nur schamlos an der Menschenschlange vorbeidrängeln, sie wird sogar einigermaßen menschenwürdig behandelt. Wahrscheinlich kennt man einander noch aus besseren Tagen, als der Herr Doktor noch ordinierte. Also der »richtige Doktor, Sie wissen schon, der Vater ...«

Eine andere Dame, die sich in gebrochenem, aber völlig ausreichendem Deutsch zu verständigen weiß, hat es nicht so gut. Auf ihre berechtigte Frage, wo denn wie denn was auf dem Formular auszufüllen sei, keift der Drache: »Steht eh alles da. Lesen!« Die Dame gehorcht bescheiden, füllt aus und hält dem Drachen den Wisch nach ein paar Minuten vor sein Feuer speiendes Maul. Der blickt über den Brillenrand, mustert die ersten Zeilen und bellt: »Faaalsch!« Selbstredend wird der Prüfling trotz seiner geschätzten sechzig Jahre wie ein Schulbub mit einer entsprechenden Geste an das Ende der Schlange zurückbeordert. Vermutlich damit sie Zeit hat, darüber nachzudenken, wie man Formulare richtig ausfüllt, ohne dass man der heiligen Wächterin der Ordination auf den Sack geht. Ist ja ein Wahnsinn hier.

Es klopft an der Tür. Der automatische Türöffner scheint defekt zu sein. Meine neue Freundin, die Ordinationshilfe, ruft kopfschüttelnd: »Drücken!« Zu den Umstehenden sagt sie: »Das kann doch nicht so schwer sein, oder?« Von draußen dringt ein dumpfes »Es geht aber nicht«. Sie bläst zurück: »Drü-cken. Was ist daran so schwer? Drüüüücken!!!« Ein Herr aus der Schlange erbarmt sich, schert aus und öffnet die Tür. Selbstverständlich scheitern auch die nächsten drei, vier Patienten an der verschlossenen Tür, weil der Türöffner tatsächlich defekt ist und nicht die Menschen zu blöde, eine Türe aufzudrücken. Das scheint mir offensichtlich. Nicht so der gestrengen Herrscherin: »Drücken!! Soll ich eine Einschulung machen?« Das gefällt mir. Menschen jeden Alters wie Vollidioten zu behandeln, ihnen zu unterstellen, sie seien zu blöd, eine Türe aufzudrücken ... die Frau kann einiges. Halleluja! Dass sie sich wenigstens dem Bürgerpaar anbiedert und auch einige freundliche Worte für den mittlerweile anwesenden Rabbi übrig hat (wie sich herausstellt, besitzt er einige Häuser in der Umgebung), zeigt zumindest, dass sie nicht wahllos unhöflich ist, sondern nur zu jenen Menschen, wo sie es sich leisten kann. Oder die sie nicht für wichtig genug hält, und das sind nun mal die meisten. Ich bin begeistert. Wirklich spitze. Wer diese Sprechstundenhilfe überstanden hat, braucht in jedem Fall einen Internisten. Denn entweder hat man dann Bluthochdruck, oder man entleibt sich an Ort und Stelle und holt sich gleich den Totenschein ab.

Ich bleibe beim Bluthochdruck und komme trotz Termin schon nach einer Stunde dran. Am PC blinkt die Seite mit meinen Patientendaten. Ich lese: »Spielt im TV mit Erwin Steinhauser. Nervös, aber sonst normal.« Ist das nicht schön? Das Wichtigste im Zusammenhang mit meiner Gesundheit ist, dass ich im TV spiele! Und auch noch mit Erwin SteinhauSer! Dass ich nervös bin, aber sonst normal, ist fast schon nebensächlich.

Es stellt sich dann heraus, dass mein Blutdruck eh nicht so hoch ist, eigentlich alles in Ordnung, und ich gehe nach Hause. Glücklich, eineinhalb Stunden hier gewesen zu sein.

Ich lerne: Es zahlt sich aus, den Papa zu kennen, reich zu sein oder mit Erwin Steinhauser im TV zu spielen.

Dienstag, 5. Mai

Ich war arbeiten. Kann mich nicht immer um die Rettung der Welt kümmern.

Mittwoch, 6. Mai

Es ist schon erstaunlich: Da jammern die Printmedien herum, dass ihnen die Werbekunden wegbrechen und dass es ihnen schlecht geht, und was machen die Deppen? Sie sparen beim Content. Also Text. Sprache, Worte usw., genau das, weswegen man Magazine kauft. Ich muss nicht verstehen, wie Menschen in verantwortlicher Position auf die Idee kommen, ein Lesemedium retten zu wollen, indem sie dafür sorgen, dass der Lesestoff weniger und schlechter wird. Oder? Aber wundern darf ich mich schon darüber. Und schadenfroh lachen, wenn in ein paar Monaten genau das eintritt, was ich jetzt voraussage: Es wird einen Wiener weniger geben. Wetten?

Am Abend beim Surfen im Internet eine Comedy-Sendung aus dem Staatsfernsehen gefunden. *Wir sind Kaiser*, mit einer EU-Politikerin als Gast. Wirklich lustig, muss man schon sagen. Respekt. Und zwar beide, die Dame und der Host, also der Kaiser. Möchte nicht tauschen, aber ab und zu ein bisschen rüberschauen, was die anderen so machen, kann durchaus erhellend sein.

Dienstag, 12. Mai

Wie soll ich sagen ... die letzten Tage waren auch eine Art Pilgerreise. Also nicht direkt, eher ein Exzess in der Welt der Unterhaltungsbranche, mit reichlich Unterstützung der Tabak- und Getränkeindustrie. Aber wenn man einen negativen Gottesbeweis als Gottesbeweis anerkennt (weil es ihn angeblich nicht gibt), dann darf man auch einen Rock'n'Roll-Exzess eine Pilgerfahrt nennen. Wenigstens eine negative Pilgerfahrt. Ich habe zum Thema »Gottesbeweis« wieder kurz gegoogelt. Also, Descartes, Thomas von Aquin ... für die Bildungsbürger unter den Lesern. Zufrieden?

Meine Pilgerfahrt machte am Donnerstag Station in der Kleinstadt Ballermann auf Mallorca. Es ist nämlich so: Ich habe mich mit einem Verleger und einem Musikmanager getroffen, weil ich beschlossen habe, meine Sünden abzubüßen. Lachen Sie nicht, das muss auch einmal sein. Ich habe mich so lange »ironisch gebrochen« mit Volksmusik und Ballermann-Techno beschäftigt, dass ich nicht mehr genau sagen kann, ob ich das ernst meine oder nicht. Oder bin ich einfach nur deppert? Natürlich war das alles ursprünglich als Scherz gemeint. Natürlich war ich der Meinung, dass es ein Zeichen ganz besonders exquisiten Humors ist, als ich vor Jahren freiwillig und als zahlender Gast zum *Musikantenstadl* gegangen bin. Selbstverständlich habe ich mir nichts Besonderes gedacht, als ich mit Freunden zu Fernsehaufzeichnungen von DJ Ötzi, den Paldauern und den Kastelruther Spatzen gegangen bin. Genauso wenig wie ich mir Sorgen darüber gemacht habe, dass ich für Freunde und Gleichgesinnte in meiner Wohnung (!!!) Schlager- und Volksmusikabende veranstaltet habe. Florian Silbereisen habe ich mittlerweile auch schon zweimal live gesehen, doch dazu später. Ich will jetzt kein Mitleid und brauche auch keine Selbsthilfegruppe, aber derb ist das schon. Jedenfalls habe ich mich mit Verleger und Musikmanager getroffen und beschlossen, einen Ballermann-Hit zu schreiben. Warum denn nicht? Werbung habe ich auch schon gemacht, und außerdem habe ich ein paar Semester Psychologie studiert. Da ist das nur konsequent.

Ballermann-Produzenten sind übrigens um nichts unsympathischer oder dümmer als sogenannte Intellektuelle. Im Gegenteil, sie machen genau das Gleiche: Sie bedienen eine Zielgruppe, mit dem Unterschied, dass sie das ohne Überheblichkeit tun. Und Überheblichkeit ist eine jener menschlichen Regungen, die mir am wenigsten abgehen würde, sollte ich von einem Wolfsrudel oder von Gorillas im Nebel als Mitglied aufgenommen werden.

Kamillus von Lellis, Gründer des Ordens der Kamillianer, ist im sechzehnten Jahrhundert aus dem St. Jakobs-Spital in Rom geflogen, weil er aus Überheblichkeit lieber Karten gespielt hat, als sich um die Kranken zu kümmern. Aha. St. Jakob und Überheblichkeit vertragen sich nicht, das mag ich. (Kamillus hat seine schlechten Manieren dann sehr bereut. Der liebe Gott hat ihn mit Krankheit gestraft.)

Am Tag darauf bin ich in eine oberösterreichische Provinzstadt gefahren. Eigentlich hätte ich dort mit einem der vier Musikprojekte, an dem ich als Produzent beteiligt bin, auftreten sollen. Weil es sich aber so schön ergeben hat und der Veranstalter ein ausgesprochen angenehmer Mensch ist, haben wir kurzerhand beschlossen, vorher aus der Großraumdisco einen auf Literaturabend zu machen. Kurz, ich habe eine Lesung gegeben. Unterstützt von zwei Profimusikern, teilweise tätowiert, die so etwas noch nie gemacht haben.

Als ich aus dem Zug gestiegen war, war ich überrascht, dass der Bahnhof doch ziemlich groß ist für eine Stadt, von der ich nicht gewusst habe, dass sie gar nicht mal so klein ist, wie ich gedacht habe, weil ich ein kleines arrogantes Wiener Hauptstadtkind bin.

Also gut. Ich schreite schnurstracks auf den ersten Einheimischen zu, der gegenüber vom Bahnhof auf einer Bank sitzt, getrennt von einer Straße, die ziemlich breit ist für eine Stadt, die so klein ist, was sie nicht ist, aber das weiß ich zu dem Zeitpunkt noch nicht. Typisch Landjugend, wissen nichts mit ihrer Zeit anzufangen, denke ich und frage den jungen Mann, wo denn das von mir gesuchte Lokal sei. Die Replik erfolgt in astreinem Berlinerisch. Er sei nicht von hier, warte auf einen Freund, der ihn abholen soll, und er habe keine Ahnung, aber er sei sich zumindest relativ sicher, dass das hier Wels ist. Aha. Na immerhin. Vom Bahnhof und der Straße her hätte es gut und gerne Linz sein können. Wenn nicht sogar Wien. Wobei, das kenne ich. Das hätte ich gemerkt, wenn ich in Wien angekommen wäre. Nach zwei Stunden Zugfahrt von Wien aus wäre mir das schon seltsam vorgekommen.

Selbst ist der Mann (selbst wenn er ein Nerd ist), und schwups habe ich mein iPhone aktiviert. Endlich! Nach einem Jahr iPhone kann ich endlich die vermaledeite google-maps-Funktion sinnvoll nutzen. Es ist ja so: Daheim brauche ich keinen Stadtplan, da finde ich gottlob meistens von selbst nach Hause. Im Ausland bräuchte ich so eine mobile, digitale Straßenkarte oft, und ich würde sie gerne nutzen, weil ich sie schließlich mit dem Erwerb meines iPhones bezahlt habe. Aber die Roaming-Gebühren innerhalb der EU (und außerhalb sowieso) sind eine derartige Frechheit, dass ich mich nicht traue, Internet und Datendienste in Anspruch zu nehmen, weil ich fürchten muss, in der Sekunde zu verarmen. Kann mir irgendwer sagen, wofür wir eine EU haben, wenn Deutsche, Franzosen und Italiener ihre Telefone auf einem Gebiet nutzen dürfen, das sie in einer Woche nicht durchreisen können, während ich dieses iPhone nur auf der Fläche eines Schrebergartens verwenden kann? Das ist nämlich Österreich: ein Scheißschrebergarten mitten in der EU. So, jetzt habe ich es gesagt.

Puh, man kann sich schon ordentlich ärgern, wenn man will. Ich will zwar nicht, aber ich scheine Talent dafür zu haben.

Ist ja egal. Mein schönes, braves iPhone hat mich schlussendlich zum Veranstaltungsort gebracht (der ganze zweihundert Meter entfernt war), und ich hatte eine sehr schöne Lesung. Die tätowierten Profimusiker, die mit mir gelesen haben, hatten sicher auch eine gute Zeit, und den Menschen im Publikum hat es gefallen. Nachher haben wir die Laptops aufgebaut und elektronische Musik gemacht. Muss ja auch wer machen. Und dann, ja, dann habe ich von der Möglichkeit freier Getränke Gebrauch gemacht, reichlich. Und geraucht. Obwohl ich gar nicht rauche. Habe irgendwo in Oberösterreich geschlafen und bin gegen Mittag am nächsten Tag sehr verdattert zu Hause angekommen.

Am Samstag habe ich mir eingebildet, Großstadtmensch im Grünen spielen zu müssen. Bin Radfahren gegangen in den Prater. An sich sehr schön. Dieser Meinung sind nur dummerweise zirka dreihunderttausend andere Wiener auch. Zumindest dann, wenn ich dort bin. Auf meinem Laptop, dem Desktop und dem iPhone habe ich übereinstimmend die gleiche Nachricht bekommen, dass nämlich im Prater ein »electronic music picknick« stattfinde. Gut, sehe ich mir das mal an. Die Adresse ist aber nicht auffindbar, nicht einmal per iPhone ist zu eruieren, auf welcher der weitläufigen Wiesen mit den dreihunderttausend anwesenden Menschen das genau sein soll.

Ich fahre auf meinem Billigfahrrad ziel- und planlos die Hauptallee rauf und runter. Dann, Wall of Sound, beeindruckend fetter Sound dringt durchs Gebüsch. Wie schön, welch seltenes Tier, welch bezaubernder Vogel mag das wohl sein? Auf einer Wiese sitzen zirka hundert sehr schicke

- ☐ Webdesigner
- ☐ Journalisten
- ☐ freischaffende Künstler
- ☐ Studenten

(bitte das Passende ankreuzen), machen Picknick und hören dabei eben laute elektronische Musik. Wirkt sehr nett, und ich weiß nicht genau, warum ich mich nicht dazusetze. Ein bisschen fühle ich mich fehl am Platz, nicht schick genug, und ich kenne niemanden.

Ich frage mich aber bis heute: Warum geht man ins Grüne essen, wenn man dann einen Sound aufdreht, den man überall in der Stadt sowieso hat. In die Stille flüchten, um Lärm zu machen? Mit der Mischmaschine in den Wald zum Betonieren? Entzieht sich meinem Verständnis für Logik. Aber ich muss nicht alles verstehen und behaupte nur selten, dass ich es tue.

Sonntag ist ein großer Tag. Ist er an sich schon. Aber diesmal ist Muttertag. UND: Heute Abend wird der große Florian Silbereisen seine wunderbare *Überraschungsshow der Volksmusik* zum Besten geben. Ich bin schon Stunden vorher aufgeregt, nehme meinen Nachbarn mit zur seelischen Unterstützung und bibbere vor Begeisterung, als mir inmitten von neuntausend mehrheitlich älteren Herrschaften DJ Ötzi, Wencke Myhre, Patrick Lindner & Co um die Ohren sausen. Wie gesagt, ich weiß nicht mehr genau, warum ich das tue. Gefallen tut es mir nicht. Lustig finde ich es eigentlich auch nicht. Ich mache mich nicht einmal darüber lustig. Ich finde, dass es da nichts zum Sich-lustig-Machen gibt. Sich als relativ junger Alternative-Wastel hinzustellen und zu sagen: »Haha, sind die blöd, so tief und kommerziell und überhaupt«, das will ich mich selbst nie sagen hören. Das ist eine fürchterliche Art der Überheblichkeit, von der ich mich fernhalten möchte. Es ist eher eine unergründliche Neugier. Ich bin tatsächlich fasziniert von der Welt der Schlager und der Volksmusik. Ich möchte wissen, wie es funktioniert. Wie so viele Menschen über eine so lange Zeit so viel Freude haben können. Und wie man damit so verdammt viel Kohle machen kann. Die tun auch nichts anderes als die gesamte Popbranche. Nur dass sie sich nicht von internationalen Medienkonzernen und Download-Plattformen verarschen lassen. Ziehen einfach ihr Ding durch und verkaufen in Österreich, Deutschland und der Schweiz pro Künstler, der da bei Florian Silbereisen auftritt, mehr als die gesamten Radio-FM4-Top40 zusammen.

Nach gefühlten fünf Stunden ist die Show vorbei, und ich schaffe es doch tatsächlich, backstage zu kommen. Ich erheische ein Erinnerungsfoto mit Florian Silbereisen, und er schreibt Autogramme für Freunde von mir. (Für mich selbst nicht, noch nicht. Ich bin innerlich noch nicht so weit.) Heute ist Florian Silbereisen aus München zu Besuch in Wien, und morgen werde ich aus Wien in München zu Besuch sein. Was für eine Parallele! Ich bin ergriffen.

Das kann kein Zufall sein! Danke, Universum! Ich kann nicht genau deuten, was mir dieser Zufall, der sicher keiner ist, sagen will. Aber ich bin mir sehr sicher, dass es etwas zu bedeuten hat. Ich bin zufrieden und erschöpft.

Dann aber Montag. Früh raus, weil ich nach München muss. Habe dort eine Lesung im Café Gap und lese aus meinem Jahrhundert-Bestseller *Ich scheiss mich an.* Auf dem Weg zum Bahnhof muss ich noch zum Verlag, Bücher holen, weil ich am Freitag in Wels alle verkauft habe (an sich etwas Positives, aber es stresst mich jetzt etwas).

Ich habe vor zirka fünfzehn Jahren ein halbes Jahr in München gelebt und beim Fernsehen gearbeitet. Vor vier Jahren war ich zwei Wochen auf Kabarett-Gastspiel in München und jetzt lese ich. Ist von der Breitenwirkung eher eine Abwärtsentwicklung. Das fällt mir aber erst jetzt auf, einen Tag danach. Ich versuche, mich aus dem Gedächtnis in München zu orientieren, und scheitere grandios. Nur den Bahnhof und die Gegend um den Bahnhof kenne ich wie meine Westentasche (haha, ich habe ja nicht einmal eine Weste!). Egal, ich nehme ein Taxi und nenne die Adresse, zu der ich muss. Was mich stutzig macht: Der Taxifahrer kennt die Adresse auch nicht und muss erst nachsehen. Im Plan, nicht im iPhone.

In einer Gegend, die aussieht, als wäre sie zerbombt worden, bevor man hier ein paar gebrauchte Plattenbauten aus der UdSSR aufgestellt hat, lässt er mich aussteigen. Ich betrete ein kleines Haus, das wohl eine Radiostation ist, und sage »Grüß Gott«. Ich bin völlig verschwitzt, weil aufgeregt und gehetzt und natürlich viel zu warm angezogen. Ich Depp. Es ist Mai, und ich komme in Shirt, Hemd und Jacke daher. Plus Rucksack mit zwanzig Büchern und einem Laptop. (Ich habe auch frische Unterwäsche mit, die fällt aber nicht so ins Gewicht, da achte ich auf Qualität.) Interessanterweise sind die durchwegs jungen Radiomacher fast aufgeregter als ich. Ich weiß nicht, ob das gut ist. Wer wird uns beruhigen, wenn wir alle aufgeregt sind? Egal. Ich soll ja nur reden und muss mit niemandem schmusen. Also werden meine nassen Hände und mein verschwitztes Shirt niemanden stören. Zumindest nicht die Hörer.

Gut, wir gehen also ins Studio, ich labere wahrscheinlich viel zu schnell und undeutlich irgendwelchen Unfug ins Mikrofon und kann es mir nicht verkneifen, der ausgesprochen charmanten Moderatorin radiotechnische Tipps zu geben. Besserwisserischer Klugscheißer, der ich bin. Egal, sie scheint verzeihen zu können, und nach einer halben Stunde ist es überstanden. Am Schluss verlosen wir drei meiner Bücher. Als ich das Studio verlasse, sind zwei noch da. Entweder dieser Sender hat sehr wenige Hörer, oder er hat sehr wenige Hörer mit Telefon, oder ... ja ...

Macht nichts, retour ins Hotel. Dort hat es der Haustechniker mittlerweile geschafft, das Fenster zu öffnen, was ich ihm hoch anrechne. Auch ich weiß Sauerstoff zu schätzen. Was mich überrascht: Er spricht Englisch mit mir. Meine Aussprache muss wirklich sehr undeutlich sein. Daran sollte ich wirklich einmal arbeiten. Das Leben verliert doch sehr an Qualität, wenn man von den Möglichkeiten des gesprochenen Wortes nicht oder nur ungenügend Gebrauch macht.

Am Veranstaltungsort überkommt mich große Verunsicherung. Die Betreiber sind mir, was Coolness und Hipness anbelangt, weit überlegen. Außerdem sprechen sie mich immerzu auf youtube-Clips von einer Sendung an, die ich vor mittlerweile zehn Jahren im Fernsehen gemacht habe, als einer von drei Akteuren (und sicher nicht der Beste). Ich habe große Angst, ihren Ansprüchen nicht genügen zu können. Da komme ich aus dem Ausland angereist, werde dafür auch noch bezahlt, und versage dann vor versammeltem Publikum komplett. Weil ich mir kein ordentliches Programm überlegt habe, zu feige bin und nach außen ein völlig überbewertetes Bild von mir und meinen Fähigkeiten gezeichnet habe. Wie peinlich. Ich will weg!

Geht aber nicht. Auszubüchsen wäre jetzt wirklich sehr unprofessionell. Ich halte mich zwar nicht für rasend professionell, aber meine gerechte Strafe, die Demütigung vor Publikum, sollte ich wenigstens mannhaft und still ertragen. Um die Angst vor der Hinrichtung zu mindern, trinke ich reichlich Rotwein und Bier. Die Gespräche sind nur teilweise locker – ich kenne ja niemanden hier und bin schlicht und ergreifend schüchtern. Scheiße. Keine guten Voraussetzungen für jemanden, der alleine einen Saal voller Menschen unterhalten soll. Wenn keine Menschen kommen, wird es nicht unbedingt einfacher. Klassische Lose-Lose-Situation. Wenigstens bekomme ich Geld dafür. In Zeiten der Finanzkrise ein gutes Argument. Mit fadenscheinigen Ausreden versuche ich, den Veranstalter dazu zu überreden, dass er doch mit mir gemeinsam auf die Bühne kommen möge. Weil es dann »lockerer« sei, und weil er ja hier der Hausherr sei und so. Außerdem könnte er mir im Moment meines Dahinscheidens die kalte Hand halten. Selbstverständlich lehnt er ab. Gut. Vielleicht meint er das Gegenteil von dem, was er sagt. Vielleicht kommt er ja dann doch noch auf die Bühne gesprungen, wenn ich stotternd und sabbernd alleine da oben sitze und in gelangweilte, plaudernde Gesichter starre.

Es ist halb neun. Veranschlagte Hinrichtungszeit.

Der DJ hört zu spielen auf, ich erklimme in der nun herrschenden Totenstille das Schafott, nehme an einem Tischchen Platz und klammere mich an ein Glas Rotwein. Das Buch, aus dem ich lesen wollte, habe ich natürlich vergessen. Echter Profi eben. Ich fische mir ein Exemplar aus meinem Rucksack und beginne nach ein paar flapsigen Bemerkungen, mit zittriger Stimme und sehr unentspannt daraus vorzulesen. Nach dem ersten Kapitel ist sich das Volk noch uneins, ob es mich rädern oder vierteilen soll. Nach dem zweiten Kapitel überlegt der Pöbel, ob langsames Foltern nicht zielführender wäre. Nach zwei weiteren Kapiteln samt hilflos gestammelten Zwischenmoderationen scheint man langsam zu der Auffassung zu gelangen, dass es unterhaltsamer ist, den Delinquenten länger leben zu lassen, um sich an seinem Leiden zu ergötzen, bevor man ihn ungezwungen abmurkst. Wie schön! Ich werde nur ausgepeitscht und erst dann ausgeweidet. Kein schöner, schneller Tod, dafür ein längeres Leben. Immerhin.

Ich lese und plappere um mein unwürdiges Leben. Noch vor Beginn der Pause scheint eine Depesche vom Bischof eingelangt zu sein, wonach ich zu begnadigen sei, damit ich auch für spätere Volksfeste Verwendung finde. Am nächsten Baum aufknüpfen könne man mich Spitzbuben immer noch irgendwann. Ich jauchze! Ich darf weiterleben. Es gibt Wunder! Vom Alkohol gepusht, bilde ich mir sogar ein, die blutrünstige Meute könnte mich mögen. Zu Beginn der zweiten Hälfte wird hemmungslos gekichert, später wird sogar gelacht, und am Ende bricht Applaus über mich herein. Ich singe »Großer Gott, wir loben Dich« und beschließe, ausgiebig zu trinken und zu rauchen.

Von den geschätzten zehn Menschen, mit denen ich anschließend über die Texte und meine Performance spreche, gibt es zehn unterschiedliche Meinungen dazu, was gut und weniger gut gewesen sei. Wahrscheinlich muss man einfach nur auf sich selber hören und das tun, was man gut findet.

Ich fände es zum Beispiel gut, als einer der Letzten das Lokal zu verlassen und doch rechtzeitig schlafen zu gehen, damit ich morgen einen frühen Zug nach Wien erwische. München ist nett. Aber alleine, bei schlechtem

Wetter und mit einem Koffer in der Hand ist jede Stadt auch ein bisschen mühsam. Darum lieber nach Hause.

Im Zug lese ich im *Spiegel*, dass der Markt für Lebensratgeber boomt – geschrieben von einem Professor für Philosophie. Was er uns genau sagen will, verstehe ich nicht, aber am Beispiel von Sokrates wird demonstriert, dass Lebensberatung ein ziemlich altes Gewerbe ist. Nein ... nicht möglich. Beschäftige ich mich also schon die ganze Zeit mit denselben Fragen wie der große Sokrates?

Der Autor live in München (© Ilona Kühn)

MONTAG, 18. MAI

In einem Interview anlässlich der neuen Platte von Depeche Mode lese ich, dass deren Songwriter Martin Gore seit etwa drei Jahren keinen Alkohol mehr trinkt. Sapperlot. Erst der Sänger, der keine Drogen mehr nimmt, jetzt der Songwriter ohne Alkohol. Was ist denn da los? Ich kann mich jetzt nicht einmal mehr auf meine ehemaligen Idole berufen, wenn ich ein Lotterleben führe. Ist das schon wieder ein Zeichen vom Universum?

Ich meine das nicht einmal zynisch, wirklich nicht! Ich habe mir öfters schon gedacht, dass Alkohol ganz schön viel Energie verbrennt. Er bringt zwar viel Entspannung und Ablenkung, das tun große Urlaubsreisen in Luxushotels in Dubai aber auch. Und nicht anders als Alkohol kosten sie auch richtig was. Geld ist aber auch nur eine Form von Energie. Insofern ist es wurscht, ob man nach Dubai fliegt oder sich beim Wirten ordentlich ansäuft. Hat beides seine Richtigkeit, man sollte sich nur bewusst machen, was man da tut. Und möglicherweise hält einen das Leben in der Stadt (also ein Leben mit Alkohol, Zigaretten, viel Weggehen, Fernschauen und lauter Musik) davon ab, ausgeglichen und glücklich zu sein. Muss ja einen Grund geben, warum Menschen auf der Suche nach sich selbst und der Vollkommenheit zu Einsiedlern werden. Oder warum Millionäre zu bekennenden Buddhisten werden. Oder werden nur Buddhisten zu bekennenden Millionären?

Also, man muss schon relativ rund und zufrieden mit sich sein, dass das Geld zu einem kommt. Ich meine, das Geld ist ja auch nicht blöd und haut sich mit jedem auf ein Packl. Das Geld kommt vielmehr nur in Ausnahmefällen zu ausgesuchten Idioten. Beim Lotto zum Beispiel. Dort haut es dann aber auch relativ flott wieder ab. Die meisten Menschen, die im Lotto gewinnen oder unerwartet erben, können mit dem Geld nicht umgehen und verlieren es relativ umstandslos wieder. Darum mein Gedanke: Vielleicht sollte man dem Geld nicht hinterherkriechen, sondern lieber ein hübsches Nestchen für die Kohle bauen. Ein Umfeld schaffen, wo man zufrieden ist und wo keine Angst herrscht. Wäre ich Geld, würde ich so etwas suchen und zu genau solchen Menschen gehen. Wenn man in freier Wildbahn ein Tier fangen will, legt man ja auch lecker Futter aus, versucht, die Umgebung attraktiv zu gestalten, und versteckt dort irgendwo die Schlinge. Logisch, in einer betonierten Garage mit einer abgelaufenen Dose Szegediner Krautfleisch nach Antel-Art braucht man keine Fangschlinge auslegen. Da fällt kein Reh drauf rein. Auch kein Hirsch. Nicht einmal eine Wildsau. Und so ist das eben auch mit dem Geld. Man muss es sich schön heimelig herrichten und sagen: »Servus, grüß dich Zaster. Ich wäre dann so weit, du kannst kommen.«

Freitag, 22. Mai

Die vergangenen Tage waren sehr in Ordnung. Ich bin zufrieden. Vor einigen Wochen war ich noch recht deprimiert und habe dem Universum auch unmissverständlich mitgeteilt, dass ich jetzt frustriert bin und dass das so nicht weitergehen kann. Weil ich sonst eine Kirche schänden oder irgendeinen symbolischen Akt in der Richtung setzen muss. Ich habe mir ausgemalt, auf einen Altar zu pinkeln. Damit das Universum versteht, was ich meine. Damit es merkt, wie unzufrieden ich wirklich bin. Natürlich bin ich bei dem Gedanken erschrocken (man ist ja katholisch erzogen), und ich hätte so etwas niemals wirklich gemacht. Aber der Gedanke ist mir gekommen, dass man mit dem Universum (dem Leben, der Schöpfung, Gott, ist ja alles das Gleiche, egal wie man es nennt) reden muss wie mit einem Freund. Nein, sogar wie mit einem kleinen Kind (was nicht heißt, dass ein kleines Kind kein Freund sein kann). Also: schimpfen, ins Gewissen reden, sagen, dass das so und so nicht geht, dass es sich zusammenreißen soll, weil man auch nur ein Mensch ist, und dass einem jetzt bald der Geduldsfaden reißt. Ich war also sehr frustriert, habe geschimpft wie ein Rohrspatz – und siehe da: Das Universum hat mir Zeichen geschickt, dass es eh da ist, dass eh alles in Ordnung ist.

Ich bin in einem Kaffeehaus gesessen und habe mit Interesse zwei Damen um die vierzig gemustert, die vom Gesichtsausdruck her Sternzeichen Zitrone gewesen sein müssen. Gerne hätte ich abfällige Kommentare gemacht, mich über ihr grantiges Gehabe lustig gemacht. Ich habe es nicht getan, weil die Freunde, mit denen ich unterwegs war, mich mit Gesprächen abgelenkt haben und die Distanz einfach zu gering war. Wäre am Nebentisch gehört worden. Ich zahle irgendwann und stehe auf, da lüpft eine der beiden Zitronen ihre Sonnenbrille und ruft in meine Richtung: »Danke für das schöne Buch, ich habe mich sehr gut unterhalten.« (Sie meint *Ich scheiss mich an,* ein schönes Buch, dass ich gemacht habe. Kolumnen und Zeichnungen, was man halt so daheim hat.) Bumm, da habe ich dann schön blöd geschaut. Reflexartig habe ich ein »Danke, sehr nett« gestammelt und mich sehr geschämt, dass ich so gehässig gewesen bin. Nein, man sollte Menschen wirklich nicht nur nach dem Äußeren beurteilen.

Da bin ich dann gleich selig durch den restlichen Arbeitstag geschwebt und habe mich über so schönes Feedback gefreut. Das gehört gefeiert. Folgerichtig treffe ich mich mit Xaver und überprüfe die lokale Gastronomie. Nach einiger Zeit steht im Gastgarten ein junger Mann auf, der eher Ethnologiestudent als Börsenbroker ist (wobei, man soll sich ja von Äußerlichkeiten nicht beeindrucken lassen, wie ich eben gelernt habe), und kommt an unseren Tisch und sagt: »Danke für Jahre guter Unterhaltung im Radio am Donnerstagabend.« (Er meint wohl die Sendung *Projekt X*, die ich seit zirka fünfzehn Jahren mit zwei Freunden mache.) Jetzt gehe ich aber eine Kerze stiften und entschuldige mich beim Universum. Mein Vertrauen in die Welt und die Menschheit ist beinahe vollständig wiederhergestellt. Bei mir geht das vielleicht sehr leicht, und genau so leicht lasse ich mich auch erschüttern, aber Hauptsache es wirkt. In dem Fall positiv.

Das hat zwar mit dem hl. Jakob nicht sehr viel zu tun, auch nicht mit Ortschaften, die nach ihm benannt sind ... aber wer weiß, vielleicht doch. Zufälle gibt es nämlich nicht. Davon bin ich aber so was von überzeugt.

An einem anderen Tag sitze ich im Wirtshaus meiner Wahl und tue so, als hätte ich gerade sehr viel zu arbeiten. Ja, ich setze mich gerne mit dem Laptop in ein Lokal und schreibe, was ich eben zu schreiben habe. In Ermangelung der 12-Zimmer-Villa mit Garten und Pool, die mir eigentlich zusteht, muss ich eben den öffentlichen Raum nutzen. Wie ich dem Internet meines Vertrauens entnehme, soll Sacha Cohen, besser bekannt als Borat oder Ali G, für die Hauptfigur seines letzten Films *Bruno* Anleihen beim österreichischen Moderator, Schauspieler, Sänger und ich weiß nicht was Alfons Haider genommen haben. Das ist natürlich völlig lächerlich. Genauso gut hätte Arnold

Schwarzenegger für die Rolle des Terminator Anleihen bei Otto Schenk nehmen können (was nicht heißt, dass er es nicht getan hat, nur wetten würde ich nicht darauf). Ich werde auch nicht behaupten, dass Alfons Haider dieses Gerücht selbst in die Welt gesetzt hat, leugnen werde ich es aber auch nicht.

Jedenfalls, in dem Internetforum, das ich aufmerksam lese, behaupten Poster, dass Bruno wenn überhaupt von Dominic Heinzl, dem Society Reporter, inspiriert worden sei. Das, so kommentieren andere Poster wiederum, sei nicht möglich, weil Dominic Heinzl ja gar nicht schwul sei. Ist er doch, behaupten andere. Ist er nicht, sagen andere. Ist er eben schon usw. usf., da capo al fine.

Fakt ist aber, dass ich in dem Moment genau in dem Lokal sitze, in dem Dominic Heinzl gerne seine Redaktionssitzungen abhält und wo am Nebentisch gerade ein Teil seines Mitarbeiterstabes sitzt. Was für ein schöner Zufall. Ich bin Teil der internationalen Society und Kino-Welt. Ein bisschen zumindest. Irgendwie. Und ich weiß etwas, was die am anderen Tisch nicht wissen. Gut, sicherlich wissen auch sie einiges, was ich nicht weiß ... aber das ist jetzt nicht der Punkt. Anders eben. Sie wissen schon, was ich meine.

Nicht?

Gut, ich führe weiter aus: Also, was könnten die am Nebentisch wissen, was ich nicht weiß? Hm, vielleicht wie sie heißen? Was sie heute gegessen haben und welche Farbe ihre Unterwäsche hat? Sehr wahrscheinlich. Auf der anderen Seite weiß ich auch nicht, welche Farbe *meine* Unterwäsche heute hat. Es ist mir nicht völlig egal, aber ich neige nicht dazu, mich in diese Frage zu verbeißen.

Kann ich so nicht direkt bestätigen. War aber vor meiner Haustüre plakatiert. (Vielleicht ist eine der 5 Statuen ein heiliger Jakob?)

Ja, es berührt mich nicht, und ich bin nicht feige. Okay, erläutern wir das eben auch noch: schwarz. Schwarz oder grau, das ist zumindest sehr wahrscheinlich. Ich habe gerade nachgesehen und es ist – schwarz. Zufrieden? Himmelherrgott, ich wollte ja nur beschreiben, wie sich Dinge zueinander fügen und wie schön es ist, im Bewusstsein zu leben, dass es keine Zufälle gibt.

Habe ich schon erzählt, dass ich am Samstag für einen deutschen TV-Sender den Life Ball kommentiert habe und dann nicht auf das Fest im Wiener Rathaus gegangen bin? Ich war einfach erschlagen von der Masse an Menschen, die auf mich nicht sehr entspannt gewirkt haben, und ich habe einfach keine Lust gehabt. Die Menschen haben teilweise sehr sexy ausgesehen, und ich wäre durchaus gerne Teil der illustren Gesellschaft gewesen. Aber, wie gesagt, keine Lust. Blöd.

Nein, man sollte
Menschen wirklich nicht
nur nach dem Äußeren
beurteilen.

Clemens Haipl

Samstag, 23. Mai

Ich habe gestern wieder eine Lesung gehabt. Im Rahmen eines Kulturfestivals, das unter anderem der Integration von Migranten dienen soll. Na ja, ich war nicht wenig unsicher, ob das klappen würde. Würden die sehr sympathischen, aber chaotischen Veranstalter überhaupt an ein Mikrofon denken? Würden da überhaupt Menschen hinkommen? Würden sie mich, wenn sie kämen, überhaupt verstehen? Fragen über Fragen ...

Fakt ist: Es war sehr, sehr nett, die Stimmung war ausgelassen heiter. Das einzige Problem, und das ist eigentlich keines: Es war zu wenig Platz. Es mussten welche auf der Straße bleiben, weil drinnen einfach kein Platz mehr war.

Wie schön. Ich fühle mich geliebt.

Danke, liebes Universum, und danke, hl. Jakob. Ihr seid zwei lässige Kerle, und ich glaube, wir drei sollten noch viele Dinge zusammen unternehmen. Das Universum, der hl. Jakob und ich. Trinkt ihr zwei eigentlich? Das Universum schon, der Jakob nicht? Macht nichts, stoßen wir trotzdem an. Darf ich vorstellen, meine neuen Freunde – Universum und Jakob. Nein, nicht verwandt mit der von *Der Bulle von Tölz.* Beruflich? Ja, weiß ich jetzt gar nicht. Was machst du eigentlich beruflich, Jakob? Wie? Ah ja, logisch ... er ist ein Heiliger. Heiliger, hauptberuflich. Ja, selbstständig. Ist ein Familienunternehmen. Es gibt einen Älteren, den Jüngeren und den Bruder vom Herrn. Was man da so macht? Puh ... also ... wahrscheinlich heilen, helfen, Wunder wirken ... was sagst du, Jakob? Ach so, alles klar. Er sagt, wichtig ist, dass man einen gewaltsamen Tod stirbt, weil man dann zum Märtyrer erklärt und leichter heiliggesprochen wird. Na ja, muss man mögen, ist nicht jedermanns Sache. Andererseits, Parksheriff will auch nicht jeder werden, und trotzdem muss es wer machen. Oder Steuerbeamter und Mistkübelausleerer. Nein, nein, ich will das nicht grundsätzlich vergleichen mit allen Heiligen. Aber vom gewaltsamen Tod her, wegen dem Märtyrer und so ... also, da gibt es dann schon Parallelen zum Parkscheriff, insofern als dass das etwas ist, was nicht jeder spontan will, nicht wahr? So war das gemeint eher, von dem her. Alles klar, keine Ursache. Ich wollte da in keinem Fall, nein, also wirklich nicht. Im Gegenteil, ich bin da sehr für das Verbindende, das Gemeinsame, natürlich. Bin ganz bei Ihnen. In dem Sinn, Wiederschaun.

Verzeihung, ich hatte gerade ein Gespräch auf der anderen Leitung. Aber schön, dass Sie gewartet haben.

Sonntag, 24. Mai

Nach der Lesung war ich noch ein wenig unterwegs. Ein Freund von mir ist ein, ich möchte fast sagen: international lässiger DJ und hat in Wien aufgelegt. Er hat mich auf die Gästeliste des Clubs geschrieben, was mich natürlich extrem stolz gemacht hat. Ich als aufstrebender Literat auf der Gästeliste des etablierten DJs und Musikproduzenten. Ich bin dabei, ich bin hip. Besonders gefreut hat mich das mit der Gästeliste, weil an dem Abend überhaupt kein Eintritt verlangt wurde. Es gab keinen Türsteher, niemanden, den ich mit einem beiläufig hingeworfenen »Ich bin auf der Liste« beeindrucken hätte können. Ich habe kurz überlegt, ob ich jemand Wildfremdem erklären soll, dass ich auf der »Liste« bin. Möglicherweise hätte er oder sie mich dann aber für sehr blöd, eventuell sogar für gefährlich gehalten. Und das will ich ja wirklich nicht. Genauso gut könnte man jemanden ansprechen und ihm wissend »Ich habe mir gerade ein Bier gekauft« ins Ohr raunen oder »Ich habe mir heute die Schuhe selbst gebunden, ich, ich selbst!« Man sollte nicht allzu überrascht tun, wenn man dann von anderen für seltsam gehalten wird. Mein Gott, ist halt so.

Wie auch immer: Ich war also in diesem Club und habe ansatzweise verstanden, warum im Zusammenhang mit Pop immer wieder von »Jugendkultur« die Rede ist und nicht von »Lebenssituationen-jeglichen-Alters-Kultur«. Kurz, ich bin mir sehr alt vorgekommen. Ich glaube schon, dass ich mich mit all den zwanzigjährigen Damen wunderbar unterhalten könnte, geistreiche Gespräche führen, lachen, philosophieren usw., das Übliche halt. Ich kann mir das gut vorstellen. Das Problem ist nur: Sie können sich das mit mir nicht vorstellen. Die möchten mir maximal über die Straße helfen und wissen, ob ich einen Sohn in ihrem Alter habe. Na ja. Das ist vielleicht nicht toll, aber gut ist, dass ich es weiß. Schlecht wäre, wenn ich mich so benehmen würde, wie die Horde von Anzugträgern mit Sekretärinnen-Entourage, die den Dancefloor in Beschlag genommen haben. Wissen die denn alle nicht, wie alt sie sind? Fällt ihnen nicht auf, dass sie die einzigen sind, die vor Begeisterung völlig auszucken, wenn der DJ – natürlich ironisch gebrochen – Culture Beat, SNAP! & Co auflegt? Merken sie denn nicht, wie sich am Rand der Tanzfläche zwanzigjährige Stirnen in Falten legen, weil nicht klar ist, ob das jetzt lustig ist oder ob sie doch lieber woanders hingehen sollen? Vierzigjährige Anzugmenschen, als ultimativer Ausdruck ihrer Hemmungslosigkeit die beiden obersten Hemdknöpfe offen und mit lockerem Krawattenknoten, samt Vertreterinnen der Prosecco-Fraktion, eine Mischform zwischen Juristin und Buchhaltung, die begierig auf die Kellner starren, die ihre Söhne sein könnten (nicht meine, ihr zwanzigjährigen Ladys, sorry). Während sie in ihren engen Kleidchen und Röcken arhythmisch zu Eurodance wippen, denken sie bestimmt, sie hätten etwas von Paris Hilton. Und fühlen sich dadurch nicht einmal beleidigt.

Kein Wunder, dass ich Alkohol brauche. Erst die überaus freundlichen Reaktionen auf meine Lesung, und jetzt diese Vorhölle. Da muss man ja ... na egal, prost!

Apropos peinliches Nicht-in-Würde-altern-Wollen: Ich gehe heute zu AC/DC. Und so viel ich weiß, gehen dort ausschließlich alte Säcke hin wie ich. Junge Säcke können sich die unverschämt teuren Karten wahrscheinlich nicht leisten. Könnte ich auch nicht, aber ich habe sie geschenkt bekommen. Danke an dieser Stelle. Könnte ein sehr schönes Erlebnis werden. Ich bin gespannt.

MONTAG, 25. MAI

Von wegen »Karten nicht leisten« ... 54.000 Menschen, und keineswegs ausschließlich männliche Akademiker oder Webdesigner. Woher haben die alle so viel Taschengeld? Ich meine, achtzig Euro sind achtzig Euro. Halleluja ... Wenn AC/DC als politische Partei antreten würden, hätten die gute Chancen auf ein paar Mandate. Ich bin baff. Und taub. Vielleicht hätte ich die mitgebrachten Ohrenstöpsel nicht nur in der Hosentasche mit mir herumtragen sollen. Wenn man unmittelbar vor der PA-Anlage in einem Stadion steht und die Rockband schlechthin ihre Marshals durchbläst, ist der Placebo-Effekt von Ohrenstöpseln in der Hosentasche zu vernachlässigen.

Die sanitären Zustände im und ums Stadion waren schlicht katastrophal. Auf dem Weg zu den Stehplätzen musste man durch Pisse waten. Und das meine ich im Wortsinn. Es waren einfach zu wenige Dixie-Klos da, und so haben die Leute einfach in die Stadion-Einfahrt gepisst. Sicherheitshalber ist die gut betoniert und hat keinen Abfluss. Warum auch? Innen regnet es ja eher selten. Es kann also kein Urin versickern oder abrinnen. Lecker. Gut, dass ich keine Flip-Flops getragen habe.

Stunden vor dem Konzert sind die Getränke ausgegangen, mussten nachgeliefert werden ... Muss man als Veranstalter ein Volltrottel sein oder hilft es nur? Ich meine, es ist ja nicht so, dass das eine Newcomer-Band ist, die da spielt, und dass man das zum ersten Mal veranstaltet. Und ein bisschen Geld werden die alle wohl auch verdienen. Achtzig Euro mal 54.000 plus noch mal so viel für Merchandising und Bier. Ja, da könnte eine Kleinigkeit übrig bleiben. Darf man da nicht erwarten, dass das alles ein bisschen besser organisiert ist und jemand an Toiletten denkt?

Andrerseits, warum sollten sie etwas ändern und auf Geld verzichten, wenn die Leute so blöd sind und sich das alles gefallen lassen? Warum lasse ich es mir gefallen? Weil es mir gefällt? Weil ich meine, es gäbe keine Alternative? Warum funktioniert das bei den Amis besser? Dort würde sich kein Veranstalter trauen, Tausende Menschen durch zentimetertiefe Pisse waten zu lassen, nachdem sie rund hundert Euro für ein Ticket, Bier und eine Breze bezahlt haben. Würde das amerikanische Publikum rebellieren? Oder würden sie wie die Schafe akzeptieren, was man ihnen vorsetzt? Würden sie es akzeptieren, dann hätten das die Veranstalter schon längst ausgenutzt, weil sie dann noch mehr Kohle machen könnten. Also muss das amerikanische Publikum emanzipierter sein.

Ist ja egal.

Ich habe mir überlegt, ob Alkohol ein Weg aus der Krise sein könnte. Sie wissen schon, die Finanz- und Wirtschaftskrise. Vielleicht wäre alles leichter, wenn alle sturzbesoffen wären. Durchgehend. Das fällt nicht immer leicht, das gebe ich zu, aber wenn es hilft ... why not? Nach einigen Bieren habe ich mir noch nie große Sorgen um meine Zukunft gemacht, um den Job und überhaupt. Wenn es also staatlich verordnete Vollräusche gäbe, würde sich niemand groß sorgen. Die Investitionen würden wieder anspringen, und die Wirtschaft würde bald schon brummen wie ein Trafo. Also, Prost.

Ach ja, AC/DC war großartig. Furios, möchte ich fast sagen. Eigentlich streckenweise auch langweilig. Das kann aber auch an mir liegen. Ich sehe mir kaum jemals ganze Filme an, weil ich sofort wegzappe, sobald mir langweilig wird. Und das geht eben nicht so gut bei einem Konzert. Also sagen wir einfach, es war spitze!

Nur falls wer danach fragt: Nach der Show bin ich mit Freunden hinter die Bühne gegangen und habe den Sänger und den Gitarristen kennengelernt. Wir haben ein wenig gesmalltalkt, Fotos gemacht und Autogramme geholt. Ich war naturgemäß aufgeregt, weil das natürlich schon lebende Legenden sind. Der Sänger hat mir erzählt, dass er zum ersten Mal in seinem Leben Goldfischli gegessen hat. In Australien würden sie das nicht kennen. Da gebe es Kartoffel-Chips und basta. Aber heute in Wien, Weltpremiere für Goldfischli. Ich bin beeindruckt. Dass ich das noch erleben darf! Beim Bühnenausgang haben einige Damen gewartet, deren Erscheinung nicht darauf schließen ließ, dass sie den Abend enthaltsam verbringen wollen. Die bloße Tatsache, dass wir Backstage-Pässe hatten, hat uns scheinbar sehr attraktiv gemacht. Ich war drauf und dran, eine promiskuitive Phase in meinem Leben einzuleiten, habe mich dann aber angekotzt. Das hat den Appetit einer drallen Blonden deutlich gezügelt.

Am Morgen danach kann ich verlässlich sagen: Alkohol ist auch kein Weg. Ich fühle mich wie eine wandelnde Weltwirtschaftskrise. Zusätzlich zu den Auswirkungen von billigem Weißwein und Bier hat sich eine Verkühlung zu mir gesellt. Ich bin unzufrieden. Mein Hals schmerzt, der Kopf auch, und die Augen brennen.

Das mit der Aftershow-Geschichte stimmt übrigens nicht. Aber man darf ja wohl auch einmal etwas erfinden.

Montag, 8. Juni

Na bumm, zwei Wochen nichts geschrieben. So wird mir der hl. Jakob seinen Segen kaum geben. Ich verbringe eindeutig zu viel Zeit auf Facebook, und Facebook ist der ultimative Zeitkiller. Vielleicht schalten sie deshalb relativ wenig Werbung. Facebook wird von den Regierungen bezahlt, damit die Bürger beschäftigt sind. Wer dauernd auf Facebook ist, leistet zwar nichts Produktives in dem Sinn, er stellt aber auch keine blöden Fragen. Wie: »Warum geben wir so viel Geld aus, um das Bankensystem zu retten, wo wir doch wissen, dass es der Auslöser der Krise ist und nicht ihre Lösung?« Oder: »Warum kaufen Konzerne dauernd Medienunternehmen, wo die doch angeblich völlig unprofitabel sind? Doch nicht, um die öffentliche Meinung zu beeinflussen?« Oder: »Haltet ihr uns wirklich für völlig verblödet?«

Ich weiß, dass ich diese Fragen stellen sollte, stelle sie aber nicht, weil ich dauernd auf Facebook bin. Oder mit Xaver trinken gehe. Und auch dann bin ich per iPhone meistens auf Facebook. Weil das direkte Gespräch zwischen zwei Menschen da einfach nicht mithalten kann. Die Status-Updates sind nicht so originell formuliert, das echte Äußere ist nie so hübsch wie ein Profilfoto usw. Es gibt viele Gründe, in den virtuellen Raum zu flüchten, weil die echte Welt nicht so schön ist. Besonders wenn man gerade Alkohol zu sich nimmt. Man trinkt, starrt ins Lokal und auf Facebook. Was für ein Leben! Hätte man vor zweihundert Jahren auch niemandem erklären können.

Apropos. Das Haus, vor dem ich heute mit einem (einer?) Cola sitze, trägt die Zahl 1809 auf der Fassade. Ich gehe nicht davon aus, dass das die Hausnummer ist. Also wird es wohl das Baujahr sein. Toll. 1809 hätte theoretisch noch Mozart leben können, wenn er nicht so jung gestorben wäre. Vielleicht wäre er dann im selben Gastgarten gesessen wie ich. Ich meine, wenn etwas einhundert Jahre alt ist, ist das schon recht viel. Aber auch nicht umwerfend viel. Mein Großonkel war zum Beispiel auch einhundert Jahre alt. Als historisch in dem Sinn würde ich ihn deshalb nicht bezeichnen. Aber zweihundert Jahre, wie das Haus hier, das ist schon was, vor allem, wenn man sich vorstellt, wer da aller noch gelebt hat oder gelebt haben könnte.

Mozart ist im Vergleich zu meinem Großonkel auch nur ein Mensch, beide waren exzentrisch und hatten schlohweißes Haupthaar. Aber Mozart ist in seiner geschichtlichen Bedeutung schon wesentlich anerkannter als mein Großonkel, muss man sagen.

Es hat sich nicht vermeiden lassen, dass ich beim Zappen im Fernsehen über den Moderator und Showmaster (ein sogenannter »Scheinanglizismus«, denn kein Amerikaner verwendet diesen Ausdruck, genauso wenig wie er mit einem Handy telefonieren würde.) Frank Elstner gestolpert bin. Ein Wahnsinn. Biederkeit mit Kermit-Augen hinter Brillen. Immerhin ist er in Linz geboren, also quasi einer von uns. Außerdem entnehme ich Wikipedia, dass Frank Elstner den Jakobsweg beschritten hat. Langsam wird es mir zu bunt. Offenbar war schon jeder Volldepp einmal auf dem Jakobsweg, nur ich nicht. Und ich überlege, ob es nicht klüger wäre, etwas komplett anderes zu machen, statt Ortschaften zu besuchen, die zufällig St. Jakob heißen. Meinetwegen St. Kevin ... oder Krmblfxtr. Davon gibt es sicher weniger, dafür fällt die Auswahl leichter. Andererseits bin ich darauf gekommen, dass Jimmy die Kurzform von James ist, was wiederum die englische Version von Jakob ist. Wenn das kein Zeichen ist. Warum? Weil zwei Freunde von mir Jimmy heißen beziehungsweise James. Ich bin beeindruckt. Also doch nach St. Jakob.

Ich werde heuer vierzig, definitiv ein Alter, in dem man sich damit abfinden sollte, dass man erwachsen ist. Bäume pflanzen ist mir zu langwierig. Haus bauen ist auch mühsam – kauft man besser ein fertiges. Aber Kind zeugen ... das würde passen, rein vom Alter her. Das wiederum würde heißen: Aus mit Durchmachen, Ausschlafen und Rock'n'Roll generell. Außerdem, mit meinem schicken zweisitzigen Cabrio (ich gestehe, es hat einen Namen, und ich behandle es wie einen guten Freund) wäre es vorbei, wenn ich mich vermehren würde. Meine schöne Frau und ich passen zu zweit gerade hinein – Gepäck ist da für maximal eine Woche drin, wenn man sich nicht oft umzieht. Aber mit Kind kann man das dann vergessen. Da muss ein Windelbomber her. Kleinkinder haben sicher was gegen die steife Brise, die einem beim flotten Dahingleiten bei offenem Verdeck auf der Autobahn entgegenbläst. Vor allem wenn sie keinen Sitzplatz haben. Langer Rede kurzer Sinn: Wenn ich mich anlässlich meines beginnenden fünften Lebensjahrzehnts fortpflanze, dann könnte dies das letzte Jahr mit meinem Freund Bruce werden. (Himmelherrgott, jetzt ist es heraußen! Bruce spricht sich »Brutsche« und ist ein roter Mazda MX5. Bruce, weil er Japaner ist, so ähnlich wie Bruce Lee, und ein cooler Hund wie Bruce Willis. »Brutsche«, weil es ein bisschen italienisches Lebensgefühl verströmt. Ist ja auch wichtig.)

Ich muss mich kurz hinsetzen und mich beruhigen. Wenn das meine letzte Saison mit Bruce wird, dann brauche ich tatsächlich göttlichen Beistand, und da kommt so eine Pilgerfahrt im Cruising Style gerade recht. Nicht falsch verstehen: Ich hatte nie ernsthaft vor, da irgendwo zu Fuß und unter Entbehrung jeglicher zivilisatorischer Errungenschaften die Landstraße entlang zu büßen. Meinetwegen Bahn, aber weil die meisten St. Jakobs keinen Bahnanschluss haben, eben Auto. Und wenn Auto, dann Bruce. Also »Brutsche«. Jetzt wo ich erwachsen werde, muss ich mir bald sowieso ein anderes Auto besorgen.

»Besorgen«, weil ich den Ausdruck »kaufen« scheue. Er ist untrennbar mit der Herausgabe von Geld verbunden, und das mag ich ja schon gar nicht. Als freischaffender Künstler mit einer kleinen Mindestanstellung sind mir hohe Investitionen und Fixkosten ein Gräuel (man weiß ja nie, wann man den Zaster noch brauchen könnte). Wenn jemand weiß, wie man lässiges Single Feeling mit Sonnenbrille ohne Dach für vergleichsweise wenig Geld mit Familie und Funktionalität in PKW-Form verbindet – zögern Sie nicht, an den Verlag zu schreiben! Ihr Brief könnte zum Beispiel lauten: »Guten Tag, ich bin sehr reich und würde gerne ein paar Millionen loswerden. Wenn Ihr Autor Clemens Haipl Zeit und Interesse hätte, würde ich mich sehr freuen usw.«

War jetzt nur ein Vorschlag. Wie Sie das im Einzelnen umsetzen, ist Ihre ganz persönliche Entscheidung. Ich nehme das Geld (aber auch Ihr schönes Auto und Ihre geräumige Villa) auch ohne umständliches Begleitschreiben, kein Problem.

An dieser Stelle etwas Segen, auch für den Leser!

Etwas anderes: Habe ich schon erzählt, wie ich, ein Wespenallergiker der übelsten Sorte, mitten im Herbst am Klo gesessen bin und auf einmal um mein nacktes Leben bangen musste? Nein? Nicht in diesem Buch? Aha, dann habe ich es sicher woanders schon erzählt. Müssen Sie sich halt den Back Catalogue kaufen. Geben Sie dazu auf www.amazon.de »Haipl« ein und schlagen Sie großräumig zu (irgendwer muss es ja tun). Mehr kann ich jetzt auch nicht machen ...

Gut, meinetwegen, das eine Mal noch.

Also, wie gesagt, auf Wespen bin ich allergisch wie ein Großer. Kein Scherz, es ist nicht der rote Fleck, nicht der Juckreiz und nicht die Schwellung, die ich fürchte, sondern dass ich sang- und klanglos ersticke. Meine Sorge ist nicht einmal unrealistisch, sollte sich eines dieser schwarzgelben Biester dazu entschließen, seinen Unterleib per Stachel mit meiner Oberhaut zu verbinden. Ich verlasse darum nie das Haus ohne entsprechende Tabletten und eine Notfallspritze mit Adrenalin, die ich mir dann, wenn es so weit ist, wohl selbst in meinen zitternden Leib jagen müsste.

Wie es der Teufel will, nehme ich diese Spritze nicht mit auf die Toilette, nicht daheim und schon gar nicht, wenn es zirka Ende Oktober ist. Also zu einer Zeit, wo Wespen entweder tot oder im Winterschlaf sein sollten. Ich sitze da auf meinem persönlichen Porzellanthron und mache einen auf Wespe, indem ich einen veritablen und übel riechenden Stachel aus meinem Unterleib fahre. Doch plötzlich ... sssssummmmmmm – eine Wespe. Scheiße! Aufstehen und davonlaufen geht nicht, weil mein Stachel noch nicht völlig entbunden ist. Sitzen bleiben und den Stachel weiter ausfahren geht schon gar nicht – dazu fehlt es mir in dem Zustand unbedingt an Entspannung. Den Stachel zurückfahren, das ist ein netter Gedanke, aber physiologisch unmöglich und nur bei sehr speziellen sexuellen Neigungen üblich. Warten, bis die Bestie mich sticht, hätte in Ermangelung meiner Notfallspritze einen sehr unwürdigen Tod zur Folge: »Autor und Kabarettist mit heruntergelassener Hose auf dem Klo daheim tot aufgefunden. Kopf rot und geschwollen. Aus dem Anus ragte ein Stachel.« Nein, ich will mein Ableben nicht mit so einer Zeitungsmeldung in Verbindung gebracht wissen.

Ich sitze also wie gelähmt da, mein Unterleib ist per Stachel mit dem Porzellan verbunden, und ich starre mit Schweiß auf der Stirn dem Feind nach. Große Angst. Panik.

Ich habe das Tier schließlich unter Zuhilfenahme eines bereitliegenden *Seitenblicke Magazins* mit einer eleganten Bewegung aus dem Handgelenk zu seinem Schöpfer geschickt. Ich weiß, kein besonders tolles Ende, aber ein unvermeidliches.

Selbst über ein Jahr nach diesem Erlebnis rege ich mich darüber noch so auf, dass ich nicht vermag, alle Details in der ihnen zustehenden Ausführlichkeit zu schildern.

Montag, 15. Juni

Es ist nicht zu fassen, was ich letzte Woche getan habe. Man muss dazu sagen, dass Xaver seine üblichen Quengeleien zu einer ausgewachsenen Depression hat ausreifen lassen (wie ich als Laie diagnostizieren würde) und sich etwas zurückgezogen hat. Ich war also tagelang auf mich alleine gestellt. Abgesehen davon, dass ich arbeiten musste und frustriert in Lokalen herumgesessen bin, in denen man die Angst vor der Zukunft im Allgemeinen und vor der großen Krise im Speziellen wegtrinkt. Was macht man also, wenn man etwas zu viel Zeit hat und seinem Neffen eine Freude machen will? Richtig, die Fischkarte für das Land Niederösterreich.

Kein Scherz, genau das habe ich getan. Zur Erklärung vorweg: Vor einem Jahr wollte mein Neffe F am großelterlichen Schotterteich fischen. »Fischen« ist vielleicht das falsche Wort, denn im Wesentlichen hat er Brotstücke an eine Schnur gebunden und die Schnur ins Wasser gehalten. Gefangen hat er natürlich nichts. Ein Siebenjähriger ist kein Sportfischer. (Gilt umgekehrt übrigens auch. Also, ein Sportfischer ist kein Siebenjähriger. Siebenjährige und Sportfischer unterliegen dem Kommutativgesetz aus der Mathematik.) Mein Neffe F hat also Fische gefüttert, indem er ihnen Futter an eine Leine gebunden und diese Leine mittels einer alten Angelrute ins Wasser gehalten hat. Dazu hat er allerlei Schwimmer an die Schnur gebunden und war insgesamt sehr aufgeregt. Nichts weiter dran. Sollte man glauben. Natürlich ist prompt der Blockwart dahergekommen und hat gemeint, dass das aus diesen und jenen Gründen nicht statthaft sei. Man brauche nämlich eine Fischkarte und eine Revierlizenz und überhaupt. Eine rundherum sympathische Erscheinung also. Aber was soll man von jemandem erwarten, der freiwillig und ehrenamtlich Fischereiaufseher ist? Ich hätte antworten können, dass er sein Fischmaul nicht so weit aufreißen soll, weil sein Sündenregister in Sachen Verletzung des niederösterreichischen Fischereigesetzes auch nicht eben kurz ist:

- Auslegen von mehr Angeln pro Person als erlaubt
- Angeln unbeaufsichtigt über Nacht liegen lassen
- Eine ganze Menge mehr Fische pro Tag fischen als erlaubt usw.

Ich war allerdings froh, dass er uns in seinem Wahn nicht auch noch eine Strafe aufgebrummt hat. Mein Neffe F hat bitterlich geweint und nicht verstanden, warum er da nicht »angeln« darf (was ich bis heute nicht verstehe), und wir haben das »Angelwerkzeug« einholen müssen. In einer Mischung aus »Rache für Wanda« und »Jetzt erst recht« habe ich dem Knaben versprochen, im folgenden Jahr die Fischkarte zu erwerben und dann mit ihm richtig angeln zu gehen.

So weit die Vorgeschichte. Und also habe ich vergangene Woche die Fischkarte gemacht.

Bevor es hier weitergeht, muss ich eine kurze Pause machen und ein Erfrischungsgetränk zu mir nehmen. Es fällt mir nicht leicht, das Folgende zu beschreiben.

Pause

So. Es kann weitergehen.

Vor zirka zwei Monaten habe ich ergoogelt, dass ich mich dazu für einen vierstündigen Kurs anzumelden habe und eine Prüfung bestehen muss. Außerdem hätte ich rund hundert Euro (100 €) zu berappen, und erst dann würde ich eine Fischkarte bekommen. Für Niederösterreich. Das schließt meinen Wohnort Wien aus, aber man will ja nicht kleinlich sein. Diese Fischkarte gilt immerhin für ein Jahr und kann danach wieder mit dreiundzwanzig Euro (23 €) nachbefüllt werden. Sie berechtigt freilich mitnichten zum Füttern von Karpfen, wie es mein Neffe F gerne tut. Man erwirbt bloß das Recht, eine sogenannte Lizenz für genau den Tümpel zu erwerben, in dem man seine Angel zu tauchen gedenkt. Das kostet durchschnittlich dreihundertundfünfzig Euro (350 €) pro Jahr, und die Lizenz ist im Nachbartümpel selbstverständlich nicht gültig. (Zum Vergleich: In Spanien kostet eine Angelkarte siebzehn Euro (17 €), gilt für fünf Jahre und sämtliche Gewässer.)

Gut, die Fischerei ist in Österreich also nicht unteradministriert. Das hat auch sein Gutes, so werden Arbeitsplätze geschaffen. Und man hilft sicherlich auch ein paar Fünfundfünfzigjährigen über den Frühpensionsschock hinweg, indem man ihnen eine Aufgabe im Fischereiverband zuschanzt. Besser, als sie würden Drogen nehmen und auf der Straße herumlungern.

Ich habe also vor zwei Monaten bei einem der zahlreichen Funktionäre angerufen und versucht, mich für einen der erforderlichen Kurse anzumelden. Dreisterweise in Wien (wie gesagt, mein Wohnort – und für die, die ihn nicht kennen: kein kleines Dorf in dem Sinn). Dass ich mich entblödet habe, fünf (!!!) Wochen vor dem veranschlagten Kurstermin um Teilnahme anzusuchen, hat den Funktionär wahrscheinlich recht böse gemacht. Er hat seinen gerechten Zorn über die Dummheit der Menschheit aber mit einem abfälligen Lachen geschluckt (Humor ist halt doch die beste Waffe) und mich gefragt, ob ich nicht lesen könne. Auf der Website des Verbands stehe klar und deutlich, dass man sich gefälligst sechs Wochen vor Kursbeginn anzumelden habe. Sechs Wochen, nicht fünf Wochen. Was das im Detail für einen Unterschied macht, ist mir bis dato nicht klar, weil es an sich vollkommen wurscht ist, ob in einem Seminarraum der Bauernkammer zwanzig oder einundzwanzig Masochisten sitzen und sich von einem Teilnehmer des Pensionistenbeschäftigungdurchfischereifunktionärseinprogramms vier Stunden lang anöden lassen.

Gut, ich habe mich also nicht für den meiner Ansicht nach günstigeren Termin im Mai anmelden dürfen, hätte aber einen Mitte August wahrnehmen können, was ein wenig blöd ist, weil Mitte August der Sommer bald vorbei ist und Neffe F ob dieser Umstände nicht sehr froh gewesen wäre. Das war dem Herrn über Karpfen und Hechte am anderen Ende der Leitung aber egal, und so habe ich mich eben für den nächstbesten Termin innerhalb der Sechswochenfrist angemeldet. Nein, ich wollte mich anmelden. Erst musste ich sechzig Euro (60 €) überweisen, ein Formular aus dem Internet ausdrucken, ausfüllen und per Post retournieren (Online-Formulare sind in Fischerkreisen nicht sehr populär). Dann erst und unter Vorlage der Einzahlungsbestätigung habe ich mich für den heiß ersehnten Kurs und zur Prüfung für den Erhalt der Fischkarte des Landes Niederösterreich anmelden können. In … Korneuburg. Zirka eine halbe Stunde Autofahrt von Wien. Na ja, besser als nichts.

Nach nicht einmal fünf Wochen bekam ich die Bestätigung über meine Anmeldung zur Teilnahme an dem Kurs zugeschickt und gegen eine Gebühr von weiteren fünf Euro (5 €) die Kurs-DVD, die ich geordert hatte. Aha, ein interaktives Lernerlebnis mit vielen Filmen, Animationen, anschaulich dargebracht und unterhaltsam zu lernen, dachte ich noch, als ich mich zu deren Erwerb entschlossen hatte, und ich war durchaus bewegt, als ich sie ins DVD-Laufwerk meines Computers schob und feststellte: Die Schuppenwächter haben ein PDF-File auf eine CD gebrannt und mir die CD als »interaktive Lern-DVD« verkauft. Auch nicht schlecht. Ein PDF-File ist zirka so interaktiv wie die Postwurfsendung einer Supermarktkette, aber das muss ja nicht jeder wissen. Schon gar nicht, wenn er dafür im Schlaf aufzählen kann, wann die Schonzeiten für Zander, Huchen und Elritze sind, mit welcher der siebzehntausend Fliegen man sie am besten erlegt und was ihre Hobbys sind. Insofern kann ich den Fischfunktionären keinen Vorwurf machen. Sie würden auf jeden Vorwurf ohnehin nur bockig reagieren und eine Verweigerungshaltung einnehmen, die es für mich und selbst noch für meine Nachkommen in dritter Generation unmöglich machen würde, im Laden um die Ecke legal Fischstäbchen zu erwerben. Die Herren der Fische sind streng, und ihr starker Arm reicht weit.

Ich habe die achtzig Seiten des PDF also sehr interaktiv ausgedruckt, während ich laut »Laichzeit« von Rammstein gesungen, ferngesehen und gleichzeitig E-Mails gecheckt habe. Flugs die achtzig Seiten gelocht, eingeheftet, und schon hatte ich die richtige Lektüre für die nächsten zehn Tage.

Selbstverständlich ist es völlig unmöglich, den ganzen Wahnsinn auswendig zu lernen, der darin steht. Aber wie der Vortragende im Kurs später immer wieder sagen sollte: Man kann in vier Stunden nur einen »schmalen Weg durch die gesamte Materie« vermitteln. Irgendetwas hat er da wohl verwechselt. Aber wie gesagt, wenn sich jemand mit Fischen auskennt, muss man auf anderen Gebieten großzügig Abstriche machen.

Humor ist halt doch
die beste Waffe.

Clemens Haipl

Am Tag der Prüfung war ich naturgemäß sehr aufgeregt, also bin ich über eine Stunde vor dem veranschlagten Termin losgefahren. Das war auch keine schlechte Idee, weil mich der Berufsverkehr etwas gebremst hat und weil ich mich wie immer wohl etwas zu sehr auf mein Navigationsgerät verlassen habe. Zum einen sind die Karten, die darauf gespeichert sind, nicht mehr ganz taufrisch (so bekam ich mehrfach die Anweisung, beim Kreisverkehr die zweite Ausfahrt zu nehmen – alleine, es war kein Kreisverkehr da), zum anderen ist so ein Navigationsgerät schon recht stur. Mitten im Industriegebiet herrschte es mich an: »Ankunft!« Links Acker, rechts Bahnübergang. Ankunft? Hier? Das kann ja wohl schlecht die Bezirksbauernkammer sein. Egal, ich parke den Boliden und laufe zirka fünfhundert Meter zurück. Vielleicht habe ich ja was übersehen? Das große moderne Gebäude sieht ein wenig nach Amt aus, das könnte hinkommen. Vor dem vermeintlichen Amt stehen zwei sehr junge Soldaten, und ich erkenne messerscharf, dass es sich hierbei wohl um eine Kaserne handelt. Wie schön – deine Freunde und Helfer! Das gilt zwar eigentlich nur für die Polizei, aber irgendwie sind ja auch Bundesheersoldaten Polizisten. Zumindest für mich. Ich frage also den jungen Mann mit dem Gewehr am Schlagbaum, ob er weiß, wo hier die Bezirksbauernkammer ist. Stille. Unendliche Leere in seinem Gesicht. Gut, vielleicht weiß er wenigstens, wie diese Straße hier heißt, damit ich überprüfen kann, ob mich mein Navi völlig verarscht hat oder ob wenigstens die Straße stimmt. Er sieht mich mit einem Gesicht an, das von völliger Überforderung und unendlicher Dummheit spricht. Nichts. Nada. (War vielleicht zu viel, zu erwarten, dass jemand weiß, wie die Straße heißt, die er Stunden und Tage mit einer automatischen Waffe bewacht. Der am Schlagbaum fragt den im Wachhäuschen irgendetwas in einem mir völlig fremden Dialekt. Auch er hat keinen Schimmer, wo er gerade ist und wie er hier hergekommen ist. Alles klar. Dann bewacht mal schön weiter unser Land, damit ich ruhig schlafen kann.)

Ich gehe also wieder zurück zum Auto und stelle fest, dass die Bezirksbauernkammer fünfzig Meter weiter in der Richtung liegt, in die ich nicht gegangen bin. Na ja, wenn es zwei Möglichkeiten gibt, warum soll man dann nicht die falsche nehmen? Ich stehe in einem Industriegebiet irgendwo in Niederösterreich, vor mir ein Bau aus den achtziger Jahren von fesselnder Hässlichkeit in Graugrün. Es ist windig, Staub wirbelt herum, ich steige durch Disteln, atme tief durch und beschließe: Ich gehe rein.

Am Stiegenaufgang hängen Fotos von Männern, die offenbar seit den dreißiger Jahren die Chefs dieses Vereins waren. Herrliche Hitlerbärte, gut genährte rote Wangen, fesche Trachtenjanker – Bilder von schönen Menschen, keine Frage. Die Tür zum Seminarraum steht offen, drinnen sitzen ein paar Menschen, und ich stelle die anscheinend völlig vertrottelte Frage: »Ist das hier der Fischereikurs?« Ein wunderschöner Mann antwortet: »Na, sicher«, meint aber: »Wo denn sonst, Vollkoffer, depperter! Arschloch, g'schissenes, Wienerbazi. Glaubst, du bist was Besseres, weils'd nach der Schrift redest?« Ich sage artig danke und setze mich auf ein freies Plätzchen. Ich breite die ausgedruckten Kursunterlagen ordentlich vor mir aus und schalte mein Handy auf lautlos.

Der harsche Fischerkönig und Menschenfreund ist der Hauptvortragende und trägt eine beige Kombination aus Polohemd und tadellos gebügelten Jeans. Die Haare sind sportlich geschnitten, aber doch nicht zu wild (damit kann man sowohl im Außendienst bestehen, als auch fischen gehen, bestimmt). Am besten gefällt mir aber die Brille, die an einem Band um seinen Hals hängt, das Band in kreischenden Neonregenbogenfarben. Beim Kauf hat er sich sicher gedacht, etwas Verrücktes würde gut zu ihm passen, weil er doch auch so ein Nonkonformist ist. Ich bin jetzt schon ein bisschen verliebt. Ich zähle durch: Wir sind dreiundzwanzig Kandidaten, ich liege im oberen Altersdrittel – das überrascht mich. Es gibt also eine Menge junger Männer (und Frauen!), die bestimmt nicht nur wegen ihrer Neffen diesen Wahnsinn freiwillig mitmachen. Die Türen werden geschlossen, die Show kann beginnen.

Er eröffnet mit einem ersten »Ich kann Ihnen nur einen schmalen Weg vermitteln«. Es folgt eine hochinteressante Aufarbeitung des Fischereirechtes in Niederösterreich und der diffizilen Unterschiede zu den Fischereirechten der anderen Bundesländer, worauf er elegant überleitet zu einem herzhaften und publikumswirksamen EU-Bashing (der Mann ist ein Profi, ein Alfons Haider der Petri-Szene). »Vielleicht schaffen wir es ja doch noch, sechzig Jahre nach dem Krieg ein einheitliches Fischereirecht einzuführen.« Da bin ich ganz bei ihm. Letztlich schwimmen ja auch die Fische von einem Geltungsbereich zum anderen und umgehen so die ihnen angemessenen Schonzeiten. Scheinasylanten unter Wasser, man muss es so drastisch sagen. Ich erfahre noch, welche Fische heimisch sind und welche nicht, dann falle ich in eine Art Wachkoma. Offenbar starre ich den Vortragenden aufmerksam an, in Wahrheit schlafe ich, mit hysterisch aufgerissenen Augen. Ich werde sanft geweckt von einem Kollegen des Kursleiters, der die Runde macht und die mitgebrachten Erlagscheine daraufhin überprüft, ob auch jeder die Gebühren artig bezahlt hat. Wenn nicht – ich weiß nicht, rufen die dann die Security und verweisen den Übeltäter des Saales? Der Kontrollator ist deutlich älter als der EU-Fachmann und hat sehr legeres graues Haar. Fast möchte ich sagen »locker«. Sein Haupt wird von einem eleganten Scheitel beatlesque umschmeichelt, und er blickt unentwegt besorgt. Das verstehe ich, die Kursteilnehmer, nein, Menschen generell sind mehrheitlich Vollidioten, und als Fischereiprofi muss man an der Dummheit der Menschheit verzweifeln. Wissen die meisten dieser bildungsresistenten Kretins doch nicht einmal, ob ein Huchen zu den Salmoniden oder zu den Barschartigen gehört. Ich meine, da hört sich aber wirklich alles auf.

Don Fischotte und sein Sancho Panza befinden sich in einem Dilemma. Einerseits würden sie alle diese Mittelmaßbeckenrandschwimmer im Seminarraum der Bezirksbauernkammer gerne (und natürlich völlig zu Recht) mit Bomben und Granaten durchfliegen lassen, auf dass sie sich einem offiziellen Fischereifunktionär für alle Zeiten nur mehr in gebückter Haltung nähern und ihn ausschließlich im Majestätsplural ansprechen. Andererseits müssen sie vermutlich vor irgendeinem Amt rechtfertigen, warum es diese verpflichtenden Kurse überhaupt gibt (was in Wien zum Beispiel nicht der Fall ist), und da macht es ein ganz schlechtes Bild, wenn nach eingehendem Studium der Unterrichtsunterlagen und einem vierstündigen Kurs kein Teilnehmer durchkommt. Also hie der gerechte

Zorn gegen die Dummen dieser Welt, also all die anderen, da die Quote. Wie sieht das denn aus, wenn die nichts bei uns gelernt haben? Dieser innere Konflikt bringt recht interessante Formulierungen hervor. »Prägen Sie sich dieses Bild genau ein, es *könnte* zur Prüfung kommen. Ich sage nicht, *dass* es kommt, aber es *könnte* kommen.« Oder: »Eine klassische Prüfungsfrage wäre zum Beispiel ... Ich sage nicht, *dass* sie es ist, aber es *könnte* eine Prüfungsfrage sein.« Man muss also schon ein besonders einfältiger Mensch sein, wenn man diese Prüfung nicht schafft. Das ist folgerichtig, denn nur Inhaber einer Fischkarte können die Wucherpreise für eine Fischlizenz bezahlen, und irgendwo müssen die ja richtig Kohle machen, nicht nur so bisschen. Es gibt dann noch ein paar Schmankerln (zum Thema Laich zum Beispiel: »Was passiert bei der Befruchtung? Das werden die Damen wissen *(geht auf die Damen in der Klasse zu, starrt sie an).* Na, was passiert bei der Befruchtung von Eiern?«), dann werden die Prüfungsfragen ausgeteilt, in zwei Gruppen.

Ich würde den beiden Stars der volkstümlichen Fischereiszene gerne die Freude machen durchzufallen, aber zum einen sind die Fragen wirklich einfach und zum anderen ist meine Lebenszeit zu begrenzt, um solche Kindereien ein zweites Mal mitzumachen. Ich kreuze also fast alles richtig an, gebe ab und warte.

Eine halbe Stunde später.

Die beiden Herren der Fischer geben eine Doppelconférence, in der sie die »lustigsten« Fehler vorlesen. Wie soll ich sagen: Am Anfang war es hier ja recht lustig, aber jetzt will ich weg. Nach Hause. Schnell. Die beiden scheinen sich gut damit zu unterhalten, falsche Testantworten zu verlesen. Ich bin fassungslos. Haben die sonst wirklich so wenig zu lachen? Ein Jammer.

Egal, auch das geht vorüber. Sie teilen die neuen Fischkarten aus, schütteln jedem Absolventen die Hand und sagen: »Petri Heil!« Beinhart. Ich habe jetzt schon handfesten Ausschlag, da zeigt einer der älteren Kursteilnehmer auf und sagt: »Nachdem ich hier der Älteste bin, möchte ich mich im Namen aller für die interessanten und unterhaltsamen vier Stunden bedanken.«

Szenenapplaus. Wie im Charterflugzeug nach der Landung. Wahn-Sinn!

Jetzt aber: Die Karte habe ich. Bevor jemand auf die Idee kommt vorzuschlagen, dass wir alle miteinander auf die bestandene Prüfung anstoßen, suche ich das Weite. Schnell den Motor starten und nichts wie weg. Korneuburg sieht mich so bald nicht wieder.

Mittwoch, 24. Juni

Ich weiß nicht, wie lange ich mich jetzt schon mit St. Jakob und dem Jakobsweg beschäftige, aber es geht nichts weiter (diesen Satz darf der geschätzte Rezensent gerne als Motto für das ganze Buch verstehen). Ich hätte gerne ein wenig mehr innere Ruhe, Vertrauen in die Welt und in mich selbst. Aber nichts von all dem spüre ich. Mache ich etwas falsch? Immerhin habe ich Fotos aus dem Jahr 1974 gefunden. (Gefunden hat sie mein Vater, und er hat sie mir gegeben.) Sie zeigen mich samt Eltern und Geschwistern in ... tadaaa: St. Jakob. Ich glaube, es ist eines der St. Jakobs in Kärnten. Die haben dort mehrere. Ich werde anhand der Bilder versuchen herauszufinden, um welches St. Jakob es sich handelt. Ich werde mit den Bildern in der Hand zum Bürgermeister gehen und sagen: »Grüß Gott! Das fünfjährige wohlgenährte Kind auf dem Foto hier bin ich, und das ist der Beweis: Ich war hier schon vor fünfunddreißig Jahren. Bekomme ich jetzt etwas gratis? Ein kleines Gedicht, einen Warenkorb, eine Wandernadel oder gar einen symbolischen Quadratmeter Grund?«

Über den Grund würde ich mich am meisten freuen. Ich würde mir eine kleine Jauchegrube ausheben lassen und sie im Sommer an Touristen vermieten. Ferienwohnungen werden doch auch weitervermietet, und meistens sind es Substandardwohnungen, die man der zahlenden Kundschaft als besonders landestypisch und rustikal verkauft. Was gibt es Landestypischeres und Rustikaleres als eine Jauchegrube? Ich werde Prospekte von meiner Jauchegrube drucken lassen und eine Website machen. Eventuell noch einen Satellitenanschluss, für anspruchsvollere Gäste.

Noch ist es aber nicht so weit. Ich muss erst den Bürgermeister oder sonst jemanden in St. Jakob dazu bringen, mir den Grund für meine Jauchegrube zu schenken. Geld habe ich nämlich keines. Ob da ein paar Fotos aus den siebziger Jahren reichen, weiß ich nicht. Aber ich werde es herausfinden.

Für meine Suche nach Frieden und Glück darf es letztlich keine Rolle spielen, ob ich nach Santiago de Compostela latsche oder durch Kärnten fahre. Die Gebeine des Apostels Jakob liegen mit an Sicherheit grenzender Wahrscheinlichkeit nicht in der Kathedrale von Compostela. Und wenn, auch wurscht. Dass die Menschen gerade dorthin wandern und sich hernach bereichert fühlen, muss einen anderen Grund haben. Die rein körperliche Verausgabung kann es auch nicht sein, sonst würden Marathonläufer und Iron-Man-Teilnehmer auch pausenlos von ihrem Weg zum Glück faseln. Es gibt also keinen wirklichen Grund, etwas vom spanischen Jakobsweg zu erwarten. Und genau das hat er mit dem österreichischen Jakobsweg gemein: Es ist egal. Und wenn es schon egal ist, kann man auch mit dem Auto fahren. Wenn der liebe Gott gerne hätte, dass wir es unbequem haben, hätte er keine Schuhsohlen erfunden. Und keine Sesseln. Und in letzter Konsequenz natürlich auch nicht mein Cabrio. Es ist also von Gott gewollt, dass ich mit dem Cabrio durch die alpinen St. Jakobs fahre.

Ich würde mir neben einem Grundstück für meine private Jauchegrube auch noch wünschen, dass die jeweiligen Tourismusvereine von diesem Buch so erbaut wären, dass ich fortan mit meinem mich liebend Weib und der Kinder Schar mindestens einmal im Jahr in mindestens einem St. Jakob urlauben darf. Zumindest stark verbilligt. Was weiß ich ... all inclusive, und ich zahle die Getränke. Kann doch nicht so schwer sein. Ich meine, was kostet das im Vergleich zu dieser unentgeltlichen Dauerwerbesendung, die Sie gerade in Händen halten? Ganz zu schweigen von Internet, Zeitungen, Funk und TV, wo ich das Thema St. Jakob natürlich auch noch ausgiebigst behandeln werde.

Es gibt viele Mysterien,
wenn man sie nur
finden will.

Clemens Haipl

Montag, 29. Juni

Also. Ich habe inzwischen eine Geburtstagsparty hinter mich gebracht, die dann doch in Summe vierzehn Stunden gedauert hat. Von Freitag 16 Uhr bis Samstag 6 Uhr. Das ist relativ anstrengend, und ich war dann auch rechtschaffen müde. Noch bin ich nicht vierzig, aber es ist nur mehr eine Frage von Tagen. Die Menschen haben ja die letzten Tage hauptsächlich damit zugebracht, über die für die Jahreszeit sehr unüblichen Regengüsse zu lamentieren. Vornehmlich über Facebook oder Twitter. Erst hat Michael Jacksons Tod angeblich das Internet zum Erliegen gebracht (er ist völlig unpassender Weise am Tag meiner Geburtstagsparty verstorben), und dann haben die Menschen, zumindest in Österreich, offenbar nichts Wichtigeres im Kopf als den Regen.

Michael Jackson und Regen also. Das sind die zwei Dinge, die von der Menschheit in Erinnerung bleiben, wenn die Erde genau jetzt explodiert und Außerirdische den Datenverkehr unserer letzten Tage analysieren. Das Internet ist da ein bisschen wie die Blackbox bei einem Flugzeug. Es wird alles aufgezeichnet, und im Falle eines Crash kann man nachvollziehen, was wie wo wann passiert ist.

Ich verstehe eines nicht: Wenn man eine Blackbox so konstruieren kann, dass sie tausendprozentig jeden Unfall, jedes Inferno unbeschadet überlebt, damit man ihre Daten auswerten kann, wenn man minutiös jeden Pilotenfehler rekonstruieren kann, genau analysieren kann, wann welcher Passagier wie und wo im freien Fall zehntausend Meter in die Tiefe gestürzt ist ... warum konstruiert man dann nicht gleich das ganze Flugzeug wie eine Blackbox? Wäre doch eine Idee. Die Menschen im Flugzeug genauso liebevoll zu beschützen wie die Daten in der Blackbox. Denke ich mir halt. Aber gut, ich bin ein Laie und eh schon wieder ruhig.

Sechzehn St. Jakobs habe ich gefunden!!!! 16!!! Wahnsinn. Und dabei habe ich nicht einmal besonders sorgfältig gesucht. Einfach ein bisschen gegoogelt.

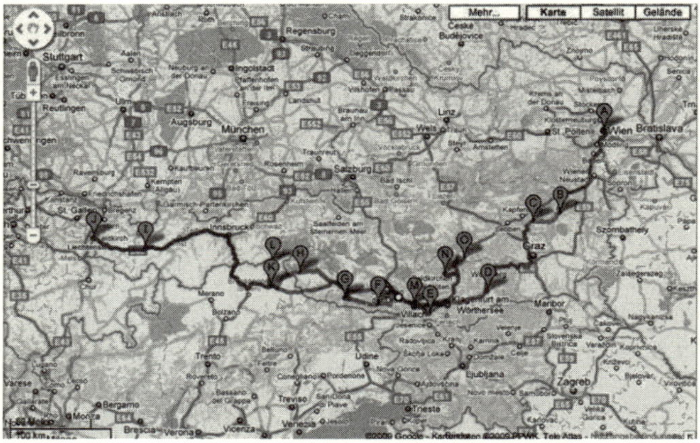

Der Jakobsweg, zumindest einer von vielen

Gut, zwei St. Jakobs liegen in Südtirol. Aber das ist praktisch eh wie Österreich. Ein bisschen zumindest. Für Italiener ist es wie Deutschland, für Deutsche wie Österreich, und die Südtiroler selbst werden fuchsteufelswild, wenn man irgendetwas anderes als Südtirol zu Südtirol sagt. Ist mir jetzt aber alles ein bisschen egal. Zwei St. Jakobs habe ich jedenfalls ob der Etsch gefunden, und ich werde auch in ihre Nähe kommen, vielleicht sogar bis ins Ortszentrum. Ich lerne: Vorfreude ist die schönste Freude.

Wenn die Menschen, die ihre plötzliche Liebe zu Michael Jackson entdeckt haben, auf Facebook nicht gerade darüber lamentieren, dass es draußen regnet (oder, das

Schlimmste, ihre Profilfotos grün einfärben, um zu demonstrieren, dass sie mit den Menschen im Iran ur total und super solidarisch sind … (eine billigere, unverbindlichere Methode, sich in einer gerechten Sache als guter Mensch zu fühlen, gibt es ja wohl nicht)), dann hinterlassen sie bisweilen seltsame Nachrichten. Ja, auch ich. Ich gebe es zu. Ich wiederhole an dieser Stelle einen meiner letzten Status-Updates: »Warum leben Blumen nicht im Wasser, wenn sie so viel davon brauchen?« Da war ich wohl gerade ein wenig genervt vom ausgiebigen Blumengießen und hatte mitten in der Hitzeperiode einen spontanen Anfall von kreativer Philosophie. Nachher ist man immer klüger. Und ich weiß nicht, was ich mir dabei gedacht habe. Jetzt, mit einigen Wochen Abstand, ist mir das schon wieder ein bisschen peinlich. Was soll's.

Vorgestern habe ich beschlossen, zum Religionsgründer zu werden. Oder so ähnlich: »Clemens Haipl will eine Bande gründen. Wer macht mit?« Zur Stunde habe ich mit dieser Verlautbarung siebenundsechzig Kommentare provoziert. Nicht schlecht, Herr Specht. Siebenundsechzig Kommentare, nur weil ich offenbar den passenden Unfug gepostet habe. Das ist deutlich mehr, als man bei einer durchschnittlichen Radiosendung Anrufer erwarten kann. Das ist definitiv viel mehr, als die meisten Printmagazine an Leserbriefen bekommen. Obwohl sie eine Woche bis einen Monat darauf warten. Insofern, ich bin begeistert. Ist das das lang ersehnte Signal für den großen Umbruch? It's the end of the Medienwelt as we know it?

Während ich so vor mich hin fantasiere, trudeln Kommentar 68 und 69 ein. Wahnsinn! Ich fürchte nur, das liegt nicht an mir. Nicht ich bin so toll, die Welt ist so banal. Hm. Ich muss aufs Klo. Und meinen Tee austrinken. Beides erledigt. Die Welt und meine Sicht darauf haben sich nicht geändert. Aber in zirka zwei Wochen breche ich nach St. Jakob auf. Mal sehen, vielleicht tut sich da was in meinem Bewusstsein. Im Moment ist mir nur schlecht vom versoffenen Wochenende. Und raus muss ich jetzt auch. Habe einen Termin.

Etwas später

Xaver hat angerufen und gefragt, ob wir uns nicht auf ein Bier treffen wollen. Ich habe heute Abend noch eine Lesung und musste ihm mit Bedauern absagen. Xaver hat sehr positiv geklungen und sogar Scherze gemacht. Als ich ihn darauf angesprochen habe (»Du klingst super, geht's dir gut?«), war ihm das richtig peinlich. Er hat gleich relativiert, dass das jetzt vielleicht so klingt, als würde es ihm gut gehen ... kurze Denkpause ... »Ja, es geht mir ... eigentlich ... gut ... Weiß auch nicht wieso.« Na bitte, immerhin. Ein bisschen wie ein kleines Kind, das glaubt, dass es mit Stützrädern Rad fährt, ohne zu merken, dass die Stützräder schon die ganze Zeit in der Luft schweben. Wenn man ihm dann sagt, dass es eigentlich eh schon die längste Zeit richtig Rad fahren kann, bricht Panik aus. So ähnlich ist es mit Xaver. Wenn es ihm gut geht, ist er verunsichert, weil er nicht weiß, wie er mit der Situation umgehen soll. Mit Jammern, Raunzen und Klagen kommt er wunderbar zurecht, weil er darin Übung hat. Aber sich in aller Ruhe hinzusetzen und zu sagen: »Ja, ich fühle mich wohl, und das ist gut so«, fällt ihm deutlich schwerer. Gut, dass ich Freunde habe. Ich lerne sehr viel von meinen Freunden.

Samstag, 4. Juli

Heute ist der 4. Juli. Amerikanischer Staatsfeiertag. Ich fühle mich weder amerikanisch noch feierlich. Es ist sagenhaft schwül. Sonnig, aber schwül. Ich habe versucht, mich in die Sonne zu setzen. Wenn man schon in einer angesagten Gegend von Wien wohnt, möchte man ja auch etwas davon haben. Also bin ich in einen Gastgarten am Karmelitermarkt gewackelt. Fest davon überzeugt, dass ich dort den Laptop auspacken und arbeiten würde. Haha, der war gut … Ich habe vor allem versucht, mich nicht zu bewegen und meinen Körper so zu positionieren, dass ich möglichst viel Wind abbekomme. Wenn gerade mal ein Lüftchen aufkam. An Arbeit war nicht zu denken. Ich habe ein Jugendgetränk in meinen schwitzenden Leib geleert und bin wieder nach Hause gegangen. Das ist nicht sehr aufregend, aber draußen kann man zurzeit einfach nichts machen. Geht nicht.

Daheim habe ich festgestellt, dass ich zu wenig Platz in meinem Arbeitsraum habe. Vielleicht sind vier ferngesteuerte Flugzeuge (mit je ein bis zwei Metern Spannweite) nicht die Norm für einen fast Vierzigjährigen. Von den gefühlten zwanzig kleineren Flugzeugen, Raketen und ferngesteuerten Autos, die sich nebst Hunderten CDs und einer Ameisenfarm auf den Regalen tummeln, ganz zu schweigen. Bin ich Materialist? Kindisch? Oder traue ich mich im Unterschied zu so vielen anderen nur, mein inneres Kind auszuleben? Ist es nicht so, dass ich zu meinen Schwächen stehe und total sensibel bin, trotz aller männlichen Rollenklischees? Ich glaube, ja. Das Letztere hat recht gut geklungen, das nehme ich.

Donnerstag, 9. Juli

Ich bin vierzig. Definitiv. Ohne Ironie, ohne »so gut wie«, »ich gehe darauf zu« usw.

Dreißig zu werden war einfacher, jetzt, nach zwei Tagen, geht aber auch vierzig schon gut. Eine Kollegin hat im Zuge einer Charmeoffensive gemeint, ich sähe aus wie ihr dreiunddreißigjähriger Freund. Als ich diese völlig berechnende, aber doch gern geglaubte Lüge des Abends weitererzähle, meint eine andere Kollegin: »Das war aber ganz schön fies ihrem Freund gegenüber.«

Ich: »Wieso?«

Sie: »Na, wenn er aussieht wie du?«

Ich (um Fassung ringend): »Wieso, sie hat ja nur gesagt, dass ich aussehe wie ihr dreiunddreißigjähriger Freund. Obwohl ich vierzig bin.«

Sie: »Eben. Nicht gerade schmeichelhaft für ihn, wenn er aussieht wie du.«

An diesem Punkt will ich das Offensichtliche, das Unausweichliche einfach nicht wahrhaben. Wie betäubt steige ich noch einmal in den Ring, um mir den Knockout zu holen: »Ist das so schlimm, wenn jemand aussieht wie ich?«

Sie: »Na ja, du bist vierzig und er dreiunddreißig.«

Danke. Kein Missverständnis also. Kein Fehler in der Kommunikation. Pure Fakten. Peng! Anstatt inhaltlich das Weite zu suchen, umkreise ich das Thema weiter. Es geht nämlich um eine mögliche Filmrolle für mich. »Das mit dem Alter könnte halt ein Problem sein«, meint sie. Und anstatt still zu sein (es hätte ja sein können, dass ich einen Fünfzigjährigen spielen soll, was man mit Schminke locker hinbekommt), frage ich natürlich nach: »Wieso Problem? Wieso Alter?«

Sie: »Na ja, weil du halt nicht so ganz ausschaust wie ein Fünfundzwanzig- bis Siebenundzwanzigjähriger.«

Nicht. Aha. Wer glaubt, ich hätte jetzt genug gehabt und hätte endlich meinen Suppenschlitz geschlossen gehalten, irrt gewaltig. »Wieso? Wenn ich mich rasiere, schaue ich viel jünger aus.«

Jetzt sagt sie nichts mehr. Aus Pietät, aus Höflichkeit. Vielleicht auch aus Resignation. Sie hat es subtil versucht, sie hat mich wenig sanft mit dem Holzhammer gestreift, aber jetzt reicht es. W.O. Aufgabe. Wenn ich jetzt nicht einsehe, dass ich ein alter Sack bin, dann ist sowieso alles zu spät. Da ist es wenig trostreich zu wissen, dass die siebzigjährige Mutter eines Freundes gemeint hat, nach vierzig gehe das Leben weiter. Was soll sie denn sonst sagen? Dass sie sich seit dreißig Jahren tot fühlt und wundert, dass sie niemand beerdigt und Kerzen für sie anzündet? »Sie! Ich bin tot! Schon seit dreißig Jahren. Will mich jetzt mal wer aufbahren und zu weinen beginnen? Was ist das denn für ein Service hier?« Nein, nein, so funktioniert das alles nicht.

Was meine Suche nach dem Jakobsweg anbelangt: Ich scheitere an grundsätzlichen Fragen. Zum Beispiel an der Jahrhundertaufgabe, ob ich zuerst nach Kärnten, dann nach Südtirol und dann nach Vorarlberg fahren soll – oder ob es nicht doch weiser wäre, zuerst Südtirol und erst dann dem Rest meine Aufwartung zu machen. Im Sinne des Umweltschutzes und vor allem meiner eigenen Faulheit will man ja keine leeren Kilometer machen und sinnlos hin und her fahren. Das mag für einen Außenstehenden vielleicht lächerlich wirken und nicht wie ein echtes Problem ausschauen, es hält mich aber seit Wochen von einem sorgenfreien und entspannten Leben ab. Nicht ganz, ich übertreibe natürlich, aber das ist letztendlich ja auch meine Aufgabe als Kapitän dieses Buches. Niemanden interessiert die Welt, so wie sie ist. Zumindest braucht man darüber nichts zu lesen, weil man die Welt, so wie sie ist, ohnehin dauernd erlebt. Interessant sind nur die Übertreibungen. Auch wenn Sie ein wissenschaftliches Buch lesen zum Beispiel. Wenn Sie sagen wir mal ein Buch darüber lesen, wie es im Orbit aussieht und wie schwarze Löcher entstehen, dann ist das nur deswegen interessant, weil es eine Art von Übertreibung dessen ist, was Sie jeden Tag erleben. Schwarze Löcher finden Sie auch in der Welt, in der Sie sich den Hintern auswischen und Ihr Fahrrad gestohlen wird. Sie merken zwar nichts davon, aber sie sind da, die schwarzen Löcher. Wenn sich aber ein verschrobener Wissenschaftler tagein tagaus mit all dem wirren Zeug beschäftigt, ist das irgendwann für ihn normal, für uns ist es aber eine Übertreibung und deshalb interessant und lesenswert. Logisch, oder? Nicht? Gut, dann halt nicht. Ich habe mir nur gedacht, dass das vielleicht ein bisschen Sinn ergeben könnte, dass man dann behaupten könnte, diese Zeilen seien »erhellend« und »hochphilosophisch«. Nicht dass mir das wahnsinnig wichtig wäre, aber die üblichen Attribute – »provokant«, »Spiegel des Zeitgeistes«, »popliterarisch wertvoll«, »geistreich«, »witzig« – gehen mir fast noch mehr am Allerwertesten vorbei.

Ich will endlich einmal erleben, dass Menschen etwas gut finden, ohne dass ihnen davor sämtliche Medien erklären, dass sie es gut zu finden haben. Warum weil: Meistens ist es ja so, dass eine mediokre CD, ein unnötiges Buch, eine sagenhaft uninspirierte TV-Sendung oder alles zusammen auf den Markt kommt und sofort zum Kult erklärt wird. Da fragt dann keiner mehr nach, ob das gut oder schlecht ist, weil jeder, der Kult nicht mag, ihn nicht verstanden haben kann und deswegen ein Depp sein muss. Und ein Depp ist niemand gerne. Dann noch lieber hässlich. Zu dick, zu dünn oder zu glatzköpfig finden sich viele Menschen. Für zu dumm hat sich noch niemand gehalten, den ich kenne (mich eingeschlossen, muss ich zugeben).

Ich bin wieder vom Jakobsweg abgekommen, Verzeihung. Ich habe mich erkundigt, wie Kinder, die Jakob heißen, in der Schule genannt werden. Das erschütternde Ergebnis: Jackie, Jack oder: Jackson. Dann doch gleich lieber Kevin. Haben Sie bedacht, dass »Jackson« eigentlich »der Sohn von Jack (also Jakob)« bedeutet? Wer hätte gedacht, dass wir so schnell eine Verbindung von Michael Jackson zum hl. Jakob finden? Der King of Pop, der, vom Namen her, eigentlich der Sohn des Apostel Jakob ist. Wie schön. Vielleicht ist die Garageneinfahrt zur Neverland Ranch dann auch eine Art Jakobsweg. Für hartgesottene Fans sicher. Die fühlen sich Gott bestimmt näher, wenn sie zwei, drei Mal die Garageneinfahrt von Michael Jackson auf und ab gehen. Jetzt, wo er tot ist, sowieso. Und da kann er noch von Glück reden, dass er nicht schon vor tausend Jahren verblichen ist. Sonst hätte man Teile seines Skeletts entwendet, Monstranzen um Haarlocken geschmiedet und rund um irgendwelche Devotionalien Orte der Pilgerschaft geschaffen. Den »Sohn des Jakobswegs« zum Beispiel. Der wiederum hätte sich zum »Jakobsweg senior« in etwa so verhalten wie »Die drei jungen Tenöre« zu den »drei Tenören« (ganz ohne »alt«, »original« oder so – also

Pavarotti, Domingo und Carreras). Also, eh okay, würde aber trotzdem irgendwie wie ein Versuch rüberkommen, Geld zu machen. Und das hätte Michael Jackson sicherlich nie gewollt. Äh, vielleicht hätte er doch schon vor tausend Jahren sterben sollen.

Im Nachhinein weiß man immer alles besser. Glaubt man zumindest. In Wahrheit weiß man natürlich überhaupt nichts besser. Ich weiß zum Beispiel nicht, ob es damals, vor über dreißig Jahren, nicht besser gewesen wäre, statt in die eine Schule in die andere zu gehen. Oder ob es besser gewesen wäre, statt in der einen Parkbande in der anderen mitzumachen oder statt Fußball lieber Bridge zu spielen. Keinen blassen Schimmer. Das sollte man vielleicht alles bedenken, wenn man so leichtfertig sagt: »Im Nachhinein weiß man alles besser.«

Nach all den Wochen, nein, nach all den Monaten und Jahren, in denen ich versucht habe, mein Leben besser zu bewältigen, kann ich nicht behaupten, dass ich es irgendwann definitiv besser gekonnt hätte. Anders vielleicht. Mal entspannter, mal geduldiger, dann aber wieder nicht. Aber ganz objektiv besser? Nein. Sicher nicht. Da hat mir auch die hochspirituelle Beschäftigung mit dem hl. Jakob nichts genutzt. Ich habe Bücher über den Jakobsweg gelesen, habe en masse Lebenshilfeliteratur konsumiert, Therapeuten verschlissen, nachgedacht, verworfen ... Und da stehe ich nun, ich armer Tor, und bin so klug als wie zuvor. (Das ist von mir, falls Sie das zitieren wollen.)

Nachher ist man
immer klüger.

Clemens Haipl

Donnerstag, 16. Juli

Der erste Tag auf meinem Jakobsweg. Zum Einstand gibt der Laptop, den ich mitzunehmen gedachte, um meine grandiosen Erlebnisse minutiös aufzuzeichnen, seinen Geist auf. Gott sei Dank mache ich regelmäßig Backups. Dummerweise nicht immer, zum Beispiel in den letzten Tagen, als ich an diesem Buch gearbeitet habe. Das erklärt so manche Lücke in der Erzählung. Im Computergeschäft sagt man mir, dass die Festplatte eh schon zwei Jahre alt war und ein Verschleißteil sei. So in der Art einer Batterie. Aha. Und wenn meine Autobatterie den Geist aufgibt, dann kracht das Auto also mit hundertachtzig Sachen gegen eine Betonwand? So ähnlich ist das nämlich, wenn man einen herben Datenverlust erleidet und eigentlich schon längst auf der Autobahn Richtung St. Jakob im Walde in der Steiermark sein sollte, anstatt sich erklären lassen zu müssen, warum es völlig normal ist, dass Computer über Nacht den Geist aufgeben. (Auf der Couch ruhend, unbehelligt – was für ein schöner Tod! Er ist im Schlaf von uns gegangen. Wäre mein Laptop ein Mensch gewesen, könnte ich etwas wie Dankbarkeit für das Schicksal empfinden. Aber so, Scheiße!)

Ich erkenne den tieferen Sinn darin, dass es in einem Zweipersonenhaushalt einen Computer und mindestens zwei Laptops gibt, und nehme den Laptop meiner Freundin mit. Ich muss zugeben, es fällt mir seit einigen Jahren immer schwerer zu argumentieren, warum Apple-Computer so viel besser sein sollen als normale Windows-Rechner. Das ist nämlich schon die dritte Festplatte in vier Jahren, die sich verabschiedet. Ja, ich weiß, die Festplatten kommen nicht von Apple. Aber sie bauen sie ein, diese Vollidioten!!! Himmelherrgott. Es ist mir völlig gleichgültig, ob die Festplatten von Ankerbrot, Coca-Cola oder den Ebenseer Betonwerken hergestellt werden! Apple baut sie ein, dieses Verbrecherpack! (Der hl. Jakob ist übrigens auch der Schutzpatron für Äpfel und Feldfrüchte.)

Ich nehme also den Laptop meiner Freundin mit. Und sie selbst auch. Das macht man so, wenn man zusammenlebt und auf Urlaub fährt. Oder auf Pilgerschaft. Oder auf ... na ja ... nach St. Jakob.

Vielleicht hätte ich nicht sagen sollen, dass sich noch eine Sporttasche ausgeht. Denn während ich an ein Handtuch und ein paar Socken gedacht habe, hat Verena die Sporttasche mit einem Sortiment an Schuhen gefüllt, das für die Ausstattung von »Sex and the City« gereicht hätte. Ich bin etwas überfordert, und außerdem trauere ich immer noch meinem Laptop nach. (Warum er? Warum mir? Und warum gerade jetzt? Arschloch!) Ich kann schlecht sagen, dass ich eine halbvolle Sporttasche gemeint habe, wenn ich »Sporttasche« gesagt habe. Fluchend und schwitzend (es ist endlich so richtig Sommer in Wien, mit schwüler Hitze, einem keifenden serbischen Hausmeister und einem Ambiente, das einen auf die Hölle hoffen lässt) räume ich unsere beiden Trolleys aus, schichte um und beschließe, dass ich mit fünf Unterhosen und sieben Shirts vierzehn Tage auskommen werde. Werde müssen. Außerdem überlege ich mir den Wortlaut für einen Kundenbrief, den ich an Mazda schreiben werde:

Liebe Firma Mazda!
Wenn Sie in Ihren Prospekten schon behaupten, dass der Kofferraum des MX5 sehr klein ist (also wirklich winzig), warum

schreiben Sie dann nicht dazu, dass Sie das ernst meinen? Also wirklich hundertpro? Klar, Sie haben mich gewarnt, aber wie soll ich wissen, dass Sie mit »klein« »so klein« meinen?

Herzlichst,
Ihr Clemens Haipl

Ich glaube, ich werde diesen Brief doch nicht schreiben. Die Angst, für blöd gehalten zu werden, ist mir zu groß.

Egal, ich bin ein Gentleman, wäre zumindest gerne einer, und finde mich damit ab, dass Klischees nicht zwangsläufig falsch sein müssen und dass Vorurteile auch etwas mit Urteilen zu tun haben: Frauen brauchen mehr Gepäck als Männer. Ist so. Nein, ich will darüber nicht diskutieren. Ja, ich bin ein Sexist. Natürlich, ein ganz ein blöder. Ja, gern geschehen. Noch was?

Der Bolide ist beladen, und ich kann mir nicht verbeißen anzumerken, dass wir hoffentlich unterwegs kein Löschblatt finden, dass so liebreizend ist, dass wir es unbedingt kaufen und mit uns nach Hause nehmen müssen. Es ist nämlich kein Platz mehr im Auto. Nada! Auch eine Art, den fortschreitenden Kommerz zu bekämpfen.

Auf geht's. Stadtautobahn, Richtung Süden, Steiermark. Und gleich wieder runter und ab zu der nächstgelegenen Filiale des Automobilclubs meines Vertrauens. Meine Nummerntafel droht nämlich damit, sich selbstständig zu machen. Langes Anstehen am Schalter, und wieder habe ich das Gefühl, sehr alt und bieder zu sein. Eingekeilt zwischen Menschen, die Autoreiseversicherungen für ihren Urlaub in Caorle abschließen wollen, und solchen, die sich nicht zwischen Duftbäumen in Maracuja oder Erdbeere entscheiden können, warte ich, bis ich endlich dran bin. »Nummerntafel, hä?« Für diese Erkenntnis der Dame hinterm Schalter habe ich jetzt zwanzig Minuten gewartet. Großer Gott, ich brauche Geduld. Geduld, Vertrauen und Liebe.

»Okay, sagen wir, es ist eine Panne.« Mir doch egal. Ich hätte nur gerne, dass jemand die Nummerntafel festschraubt, damit ich weiterfahren kann. »Okay, eine halbe Stunde zirka, dann werden Sie aufgerufen.« Wie bitte? Ich soll eine halbe Stunde warten, damit einer der vier gelangweilten Mechaniker einen Schraubenzieher in die Hand nimmt und zwei (in Zahlen: 2) Schrauben festzieht? Leckt mich am Arsch, ich fahre einfach so weiter. Mit wackeliger Nummerntafel. Und dem ersten Polizisten, der mich aufhält, sage ich, okay, er soll lieber zum ARBÖ gehen.

Das Navigationsgerät führt mich sicher ans Ziel, und die Fahrt, die laut Routenplaner eigentlich zwei Stunden dauern sollte, dauert zirka drei Stunden. Das Geheimnis seines Erfolges: Das Navi lenkt mich von der Autobahn herunter und auf Straßen, die in ihrem Leben bestimmt schon mehr Pferde als Reifen gesehen haben. Eh nicht schlecht. Gerade im Roadster macht Kurven fahren bei offenem Verdeck richtig Spaß. Ich stehe auf so was. Aber warum fragt mich der Trottel im Navi, ob ich über die Autobahn fahren will, wenn es ihm ohnehin scheißegal ist?

Nach einer längeren, aber durchaus vergnüglichen Fahrt durch eine pittoreske Landschaft gelangen wir also nach St. Jakob im Walde. Und ich bin beeindruckt. Hier ist es so richtig schön. Ich denke nicht mehr an meinen Laptop, nicht an die wahnsinnigen Medienmenschen, nicht an die entmenschten Halbtiere in meinem Block ... ich bin in St. Jakob. Die Sonne scheint, der Himmel ist blau, die

Berge grün, und es gibt jede Menge Parklätze.

In der Kirche von St. Jakob im Walde gibt es außerdem eine Reliquie von Kaiser Karl zu bewundern.

Reliquie des Seligen Kaiser Karl I.
(steht aber eh auch im Bild)

Der letzte Kaiser von Österreich hat sich offenbar hier verlobt. Was die Reliquie genau sein soll, weiß ich nicht. Vielleicht seine Unschuld? Dass der Kaiser hier aber gerne Waldtiere erschossen hat, verstehe ich – die Gegend ist wirklich traumhaft. In der Kirche hängt außerdem noch ein brutal anmutendes Bild des hl. Sebastian. Der wurde ja mit Pfeil und Bogen hingerichtet und sieht im Augenblick seines Todes sehr unglücklich aus. Auch Herr Jesus wirkt auf den Kreuzwegbildern nicht sehr lebensbejahend. Ob das daran liegt, dass ich schon so lange nicht mehr in einer Kirche war? Jedenfalls habe ich das Gefühl, als würde es sich um eine sadomasochistisch ausgerichtete Sekte handeln, deren oberstes Ziel darin liegt, Kinder zu traumatisieren? Ansonsten ist die Kirche nämlich wirklich hübsch. Nicht zu groß, nicht zu klein. Gerade genug Gold, um nicht protzig zu wirken. Auf einem Kirchenfenster ist eine Jakobsmuschel zu erkennen – ich bin endlich auf dem richtigen Weg, geil!

St. Jakob im Walde ist ein Blumenort. Schönstes Blumendorf Europas. Es gibt hier einen Europapark, in dem die Flaggen aller europäischen Länder mit Blumen dargestellt sind. Also nicht in der richtigen Form, aber zumindest die Farben stimmen. Deutschland also mit roten, schwarzen und gelben Blumen. Österreich mit roten, weißen und wieder roten. Frankreich mit blauen, weißen und roten. Und so weiter und so fort, ich glaube, Sie wissen, was ich meine. Also wirklich eine tolle Idee. Ich überlege. Die Sowjetunion könnte man zum Beispiel mit roten und gelben Blumen darstellen. Oder Israel, mit blauen und weißen. Da gibt es viele Möglichkeiten, wenn man über Europa hinaus denkt!

Gegenüber vom Europa-Blumenpark befindet sich das Kräfte-Reich, eine sehr neue Ausstellung zum Thema »Mächte, Mythen, Wirklichkeiten«. Ich kann gar nicht im Detail beschreiben, worum es da geht, muss man sich wahrscheinlich selber anschauen. Wenn man aber ein wenig aufgeschlossen ist und nicht nur das glaubt, was man sieht, hat man hier vermutlich eine gute Zeit.

Die Wände zieren Sprüche, ich darf zitieren:

»Drei Pfade hat der Mensch in sich, in denen sich sein Leben tätigt: die Seele, den Leib und die Sinne.«

Hildegard von Bingen

»Monologe sind lauter Atemzüge der Seele.«

Friedrich Hebbel

»Nichts kann die Seele heilen als die Sinne, so wie nichts die Sinne heilen kann als die Seele.«

Oscar Wilde

»Ich habe so viele Leichen seziert und nie eine Seele gefunden.«
Rudolf Virchow

Die Damen an der Rezeption sind reizend und hilfsbereit. Als ich ihnen erzähle, dass ich über St. Jakobs schreibe, meint eine allerdings streng: »Aber nicht ironisch schreiben, gell?« I wo, ich doch nicht.

In St. Jakob hat es 1945 offenbar noch mehr gekracht als sowieso und mehr als notwendig auch. Im Zuge der Befreiung wurde der Ort großräumig niedergebrannt und dem Erdboden gleichgemacht. Was hier in dem Dorf so dringend bombardiert werden musste, konnte mir niemand genau sagen. Flugzeugmotorenwerke, Rüstungsindustrie oder Flughäfen werden es wohl nicht gewesen sein. Oder waren die vielleicht heimlich unter der Kirche versteckt? Oder unter einem der drei Gasthäuser, die es gibt? Wie auch immer. Verständlich jedenfalls, dass man es sich nicht nehmen ließ, einen Soldatenfriedhof anzulegen, zu hegen und zu pflegen. Das gibt es zwar anderswo auch, aber der hier ist besonders: Auf jedem Kreuz ist nämlich ein Wehrmachtshelm montiert. Das ist dann doch eher ungewöhnlich.

Die Helme sind alle fest verschraubt, passen aber ohnehin nicht.

Vor einem Jahr, so erzählt man mir, habe es ein Wiedersehensfest mit einem amerikanischen Luftwaffensoldaten gegeben, den man 1945 durch Abschuss von der Ausführung seiner Arbeit abgehalten hat. Er sei sehr nett gewesen, habe sich an sehr viel erinnern können. Er und die Leute vom Kameradschaftsbund hätten es fein miteinander gehabt und hätten beschlossen, dass es an sich besser ist, sich weder zu bombardieren noch abzuschießen. Außerdem sei St. Jakob der »Ort des Kriegsendes«. Wie das genau zu verstehen ist, habe ich nicht ganz verstanden. Aber ich vermute, dass hier die letzten Kampfhandlungen stattgefunden haben, während man in Wien eigentlich immer schon Antifaschist und Kommunist gewesen ist.

Wir fahren zu einem Lokal, das sich dort befindet, wo Kaiser Karl sein Jagdschloss gehabt hat, essen und beschließen, nicht weiter nach St. Jakob im Rosental zu fahren, weil es hier einfach zu schön ist. Wir wollen länger bleiben. Dumm nur, dass es in der ehemaligen Kaiserresidenz keine freien Zimmer gibt.

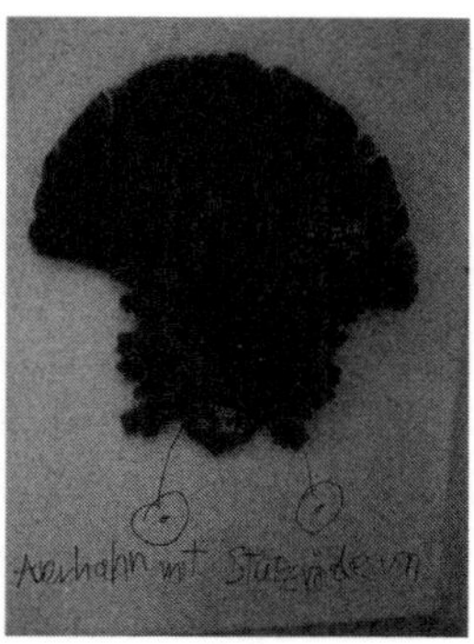

Dieser Auerhahn wurde vom Kaiser persönlich ums Eck gebracht.

Nach zwei Versuchen im Ort werden wir schließlich fündig: ein Berggasthof, der im Winter bestimmt nach Germknödel und Spaghetti riecht und vorwiegend mit Schischuhen betreten wird. Hier ist es angenehm, hier übernachten wir. Zwei Fragen habe ich noch: Warum muss ein Berggasthof in der Steiermark Lamas im Streichelzoo haben? Und warum müssen kleine Mädchen andauernd kreischen? Zum Beispiel, wenn sie am Trampolin vor einem Berggasthof spielen. Oder machen das nur die Töchter deutscher Touristen?

FREITAG, 17. JULI

Der Welt dümmster Mensch ist der Wiener. Ist so, tut mir leid. Wenn Sie es mir nicht glauben, dann fangen Sie sich drei, vier männliche Wiener, zirka dreißig Jahre alt, setzen sie in einen Kärntner Gastronomiebetrieb Ihrer Wahl und stellen ihnen jeweils zwei, drei Bier auf den Tisch. Warten, nicht schütteln, Sie werden begeistert sein.

Okay, ich bin an sich auch ein Wiener, aber was ich hier erlebe, ist einfach sagenhaft. Ich sitze auf der Terrasse einer Gastwirtschaft unweit von St. Jakob im Rosental. Am Nebentisch sitzen vier männliche Wiener in der geforderten Altersgruppe, und sie sind bestimmt der ganze Stolz ihrer Züchter. Zwei glatzköpfig (einer davon geht jederzeit als DJ Ötzi durch, wenn auch nicht wegen der Beliebtheitswerte), einer dunkel mit Stupsnase, unauffällig (er ist bestimmt aus Alibigründen dabei, weil die anderen drei Kretins seit fünfzehn Jahren fassungslos zusehen, wie er in jedem Urlaub als Einziger Weiber abschleppt, und endlich wissen wollen, wie das geht, aber noch immer nicht kapieren, dass das nicht abfärbt), und einer sitzt mit dem Rücken zu mir. Ich vermag nicht zu beschreiben, mit welchen Makeln optischer Natur ihn sein Schöpfer geschlagen hat. Aber seine Stimme ist nichts mehr und nichts weniger als ein dumpfes Grunzen.

Die zahllosen LKWs, die hier die Straße rauf und runter brettern, haben mich nicht aus meinem verdienten und gottgewollten Nachmittagsschlaf reißen können, diese vier Versager haben das in Sekundenbruchteilen geschafft. Jetzt sitze ich eben auch auf der Terrasse und höre: »Die Seer, wunderbare Musik!« Das DJ-Ötzi-Lookalike hat das nicht etwa ironisch gemeint. Was kommt als Nächstes? Daumenschrauben, ein Genuss? Analklistier, mein Höchstes – am liebsten siedend heiß?

Darauf haben sie der Kellnerin die Information entlockt, dass morgen im Ort ein Feuerwehrfest stattfinden wird. Das hat diese Einzeller in Vertebratenkörpern derart glücklich gemacht, dass sie minutenlang gelacht, gesabbert und gegrölt haben. Schließlich haben sie nicht mehr gewusst, was sie so erheitert hat, und sie mussten an das Feuerwehrfest erinnert werden. Ich nehme an, jetzt, wo sie auf die vierzig zugehen, rechnen sie ernsthaft damit, endlich entjungfert zu werden. Aber vielleicht waren sie auch schon mal in Bratislava, dort gibt es vieles für Geld. Sicherheitshalber wird auch Landeshauptmann Dörfler vorstellig werden (hier in St. Egyden bei St. Jakob, nicht in Bratislava). »Der Nachfolger von Haider?«, wie sich ein weiterer Protagonist in diesem Inferno versichert. Am Nebentisch sitzt nämlich ein Piefke, wie ihn sich nur ein übellauniger Gott in einem schlimmen Anfall von Deutschenhass ersinnen kann. Vermutlich unter

Mithilfe von Churchill und Bomber Harris persönlich: spitze Nase, roter Kopf, ein brüllend orangenes Kurzarmhemd, Birkenstockschlapfen mit Socken (wir haben gefühlte vierzig Grad im Schatten) – und das Beste: Er schreit in sein Handy, als ob er a) nicht davon überzeugt wäre, dass der Schall wirklich per Funk über die Berge hierher gelangt, und b) die Tatsache, dass neben ihm, den vier Wiener Kretins und mir noch etliche Familien hier sitzen, für ein bloßes Gerücht hält. Zu allem Überdruss geht es um Fußball. Was für ein Antithema! Fußball interessiert mich alle zwei Jahre für ein paar Wochen, wenn ich zur EM oder WM trinken kann, aber nicht jetzt. Offenbar hat irgendein Piefkeverein sein Trainingslager in Kärnten aufgeschlagen, und die spitznasige Rothaut hat damit irgendetwas zu tun.

Puh, der Jakobsweg verlangt einem tatsächlich einiges ab. Wie bin ich eigentlich hierher gekommen? Blenden wir zurück (Harfen, Glissando, Bild unscharf).

Gestern Abend haben wir in St. Jakob im Walde übernachtet, weil es uns dort ausnehmend gut gefallen hat. Ausschließlich nette Menschen, eine Landschaft wie gemalt, himmlische Ruhe, gutes Essen und all das und mehr keine anderthalb Stunden von Wien. Herz, was willst du mehr? Weil wir darauf keine Antwort wussten, sind wir dort geblieben. Die Gasthöfe Krutzler und Orthofer waren unsere Freunde. Okay, warum kleine Mädchen pausenlos kreischen müssen, wenn sie nicht gerade den deutschen Akzent aus Ponyhof-TV-Serien imitieren, weiß ich noch immer nicht. Aber bitte. Wir sind sehr früh aufgestanden, weil wir tatsächlich geglaubt haben, wir könnten St. Jakob-Breitenau, St. Jakob bei St. Andrä und St. Jakob im Rosental quasi en passant abchecken und dann nach St. Jakob in Südtirol weiterdüsen. Haha, der war gut.

Aber! Von St. Jakob im Walde nach St. Jakob-Breitenau gibt es eine traumhaft kurvige Straße, die ausreicht, um die Erfindung des Roadsters zu rechtfertigen. Beim Tanken habe ich noch dafür gesorgt, dass ein junger Steirer etwas zu lachen hat, weil ich nicht imstande war, die Kombination aus Selbstbedienung, Chipkarte und Kassenbon in den richtigen Zusammenhang zu bringen. Damit er es sich nicht denken musste, habe ich beim Zahlen sicherheitshalber gleich entschuldigend »depperter Weanabazi« gesagt.

Dann aber! Es mehren sich Schilder und Plakate, die auf die Heimat der berühmten Stoakogler hinweisen. Das sind jene Helden, die die Welt mit »Steirermen san very good« zu einem besseren Platz gemacht haben. Au fein, das gefällt uns. Da sucht man den hl. Jakob und findet am ersten Tag den Kaiser Karl und am nächsten die Stoakogler. Das Leben ist schön! Wir erreichen nach wenigen Kilometern das »Stoanineum«, eine »einzigartige Harmonikaschule« mit angeschlossenem »Stoanihaus« inklusive »Erlebnisausstellung 40 Jahre Stoakogler mit Media-Show, Kino und Bauernstube!« Wie ein geheimes Einsatzkommando quietsche ich den Boliden in den Parkplatz. Wir springen bei laufendem Motor aus dem Wagen, bewaffnet mit iPhone und Digitalkamera, und fotografieren diese Stätte volkstümlichen Wahnsinns von allen Seiten. Wir wollen uns schließlich an diesen Moment der Erkenntnis, als wir den Stoakoglern nahe waren wie nie zuvor und nie danach, wenn wir es vielleicht selbst nicht mehr glauben können, erinnern.

Bei den Stoakoglern. Ich bin glücklich.

Als wir keine dreißig Sekunden später wieder in Bruce springen (wir erinnern uns, ich habe ein sehr persönliches Verhältnis zu meinem Auto) und mit rauchenden Reifen Richtung St. Jakob sausen, folgen uns fragende Blicke unter silbergraublauen Dauerwellen hervor. Und auch die Damen im Gastgarten des Stoanihauses sind von unserer Performance ein bisschen überfordert. Wir selber auch. Ich zumindest.

Nach einem solchen Höhepunkt kann es zwangsläufig nur ein wenig bergab gehen. Das meine ich nicht einmal wertend. Aber wie soll man nach der Postkartenidylle von St. Jakob im Walde der sich neben uns auftürmenden Fabrik bei St. Jakob-Breitenau gerecht werden. Berge und Natur sind irgendwie schöner als Silos und Schotterhalden. Finde ich wenigstens. Dem Vernehmen nach wird hier Magnesit gefördert und verarbeitet. In nicht zu geringer Menge, wie die Riesenanlage vermuten lässt. Angeblich werden daraus Feuerfestprodukte hergestellt. Dieser

Teil der Steiermark kann also schon mal nicht abgebrannt werden. Immerhin ein Vorteil gegenüber St. Jakob im Walde, wenn man sich der Ereignisse im Frühjahr 1945 entsinnt. Neben den beiden Wallfahrtskirchen St. Erhard und Schüsserlbrunn gibt es in St. Jakob-Breitenau auch eine tadellose öffentliche Toilette, mitten am Dorfplatz. Außerdem ein Gasthaus, das Gemeindeamt, eine Kirche, das Postamt und eben eine öffentliche Toilette. Wir haben sowohl die Damen- als auch die Herrenabteilung getestet und für gut befunden. »Frisch, sauber, appetitlich«, wie es oft auf *Home Shopping Europe* heißt. Und für jedermann geöffnet! Das ist christlich, würdig und recht. Wenn man also dringend beten möchte und seinem Leib Erleichterung verschaffen mag und nichts gegen gewaltige Industrieanlagen hat – dann ist St. Jakob-Breitenau durchaus eine Reise wert.

Eine lebensbejahende Inschrift in der Kirche in St. Jakob-Breitenau

Auch schön, wenn man das mag

Außerdem sind die Menschen auch hier ausnehmend freundlich, sprechen einen sogar trotz Wiener Kennzeichen an und grüßen sehr freundlich. Das macht tatsächlich Freude, mir wird warm ums Herz. Im Anschlagkasten vor dem Gemeindeamt hängt neben den üblichen Verlautbarungen und dem Hinweis auf die Amtsstunden auch ein Foto von der Feier zum siebzigsten Geburtstag des Altbürgermeisters. Daneben einige Bilder von jungen Müttern mit ihren wenige Tage alten Kindern, Firmenjubilare usw. Ist doch nett!

St. Jakob-Breitenau liegt übrigens auf 607 Meter und gehört zum Bezirk Bruck an der Mur. Da fällt mir folgender launiger Reim ein:

Bruck an der Mur,
gibt's Dodln gnua.
Bruck an der Leitha,
sans a ned gscheiter.

Haha. Das sind die Sachen, die zeitlos sind. Darüber lacht ma auch in zwanzig Jahren noch. Habe ich übrigens von einem Grazer gelernt. Ist also fast okay für mich, weil Grazer ja auch Steirer sind. (Warum sagt man eigentlich »Steirer« und nicht »Steiermärker«? Man nennt ja Oberösterreicher auch nicht einfach »Ober«.)

Wegen Bruck an der Mur noch. Ich war einmal mit dem Auto unterwegs von Graz nach Wien. Weil ich ungern rase, nicht einmal besonders gern schnell fahre, mich aber mit Inbrunst an die Straßenverkehrsordnung halte, war ich bald unzufrieden. Hinter mir begann bei angemessener Autobahngeschwindigkeit (zirka 130) ein junger Mann mit Frau am Sozius zu drängeln. Kennzeichen BM, Bruck an der Mur. Ich finde Drängeln schon an Supermarktkassen ärgerlich, auf Autobahnen und bei Geschwindigkeiten jenseits der 100 halte ich es für a) völlig vertrottelt, b) unhöflich und c) schlicht lebensgefährlich. Hätte ich nach rechts ausweichen können (was wegen erhöhten Brummi-Aufkommens nicht der Fall war), hätte ich das sofort getan, und ich hätte den allmächtigen Schöpfer gebeten, er möge keine Unschuldigen mit in den Tod reißen, wenn er den geistesgestörten Testosteron-Junkie hinter mir im Wortsinne aus dem Verkehr zieht. So. Ich rase also eine gefühlte Ewigkeit lang mit diesem unsagbaren Idioten im Nacken dahin (160 mittlerweile) und gefährde dabei meinen Mitfahrer und nicht zuletzt mich selbst nicht unerheblich. Irgendwann hat auch die längste LKW-Kolonne ein Ende, und ich wechsle dankbar auf die rechte Spur. Natürlich lasse ich es mir nicht nehmen, mir den Moment, wo der aus dem Genpool zu Entfernende an mir vorbeizischt, mit einem tadellos ausgestreckten Mittelfinger zu versüßen.

Das war möglicherweise menschlich nachvollziehbar, hat die Situation aber nur bedingt deeskaliert. Jetzt wollte mich dieser menschliche Abschaum nämlich nicht mehr nur zum Suizid drängen, sondern sich aktiv an meinem Dahinscheiden beteiligen. Soll heißen: Nachdem er es die liebe lange Zeit so unfassbar eilig gehabt hatte, dass es für ihn völlig okay gewesen wäre, mich und meinen Beifahrer zu töten, drosselte er jetzt die Geschwindigkeit auf 130, 100, 80, 60 und, weil ich noch immer nicht überholen wollte, auf 30 (!!! – Auf einer Autobahn!!). Ohne jede Rücksicht auf den restlichen Verkehr, nur weil er mich vor seiner Motorhaube sehen wollte, um mich von der Autobahn zu schieben. (Gibt es – an dieser Stelle gefragt und an alle Juristen unter den Lesern – so etwas wie den Tatbestand »Mord durch Blödheit«? Nein? Dann bitte nachjustieren.) Der – nennen wir ihn der Einfachheit halber »Volltrottel« – Volltrottel fuhr also mit 30 km/h auf der Autobahn Richtung Wien, ich hinter ihm her, und ich hatte Angst. Große Angst. (Solche Typen sind unberechenbar, und ich unterschreibe sofort jede feministisch motivierte Umfrage, die belegen möchte, dass Männer mit kleinem Schwanz mehr PS brauchen.) Bekreuzigt habe ich mich schlussendlich, als der Mörder in Ausbildung bei einer Tankstellenausfahrt abfuhr, quasi Boxenstopp, um sich danach wieder an mein Heck zu heften. Scheiße, jetzt hat er mich! Wie ein Wunder tat sich aber unmittelbar nach der Tankstelle die Abfahrt nach Bruck an der Mur auf, und vor die Wahl gestellt, ob er mich umbringen oder doch lieber gleich nach Hause fahren soll, hat sich der Volltrottel dann doch wohl für Letzteres entschieden. Möglicherweise hat ihm auch nur seine Freundin gut zugeredet oder ihm einen geblasen, ich weiß es nicht. Ich bin jedenfalls mit dem nackten Leben davongekommen. Mein Beifahrer (der aus Graz, der Stifter des Reimes über Bruck an der Mur und Bruck an der Leitha), wie ich soeben dem sicheren Tod entronnen, hat mir dann, während ich wegen meiner weichen Knie kaum noch das Gaspedal niederdrücken konnte, erklärt: »Du bist für solche Typen die personifizierte Provokation: rotes Cabrio, Wiener Kennzeichen und dann noch der Mittelfinger.« Verstehe ich eh, aber ich würde es trotzdem wieder tun. Volltrottel!

Das war (ich weiß, das ist ungerecht) eine spontane Assoziation zum Thema St. Jakob in Breitenau im Bezirk Bruck an der Mur.

St. Jakob bei St. Andrä ist eher weiter weg. Wir müssen von den schönen Roadsterstraßen runter auf gewöhnlichen Autobahnbeton – und auf den ersten Blick ... na ja ... halt auch da: Ein tadelloser Gewerbepark begrüßt den Besucher. Wenn man also gerne viereinhalb Stunden auf der Autobahn fährt, um zu überprüfen, ob die in Kärnten auch so Supermärkte haben wie Hofer mit Sportzubehörabteilung und Fastfood, ist man hier nicht ganz falsch. St. Jakob bei St. Andrä hat nicht einmal ein eigenes Ortsschild, und selbst die Einwohner von St. Andrä meinen, auf St. Jakob angesprochen, nur, dass sie das »schon mal gehört« haben, »Wie heißt das noch mal?«, »Hä?«, »Waaas?«, und sagen einem dann, das sei zwölf Kilometer von hier. Dass es dann doch nur sechs Kilometer sind, spricht nicht gerade dafür, dass zwischen den Gemeinden ein reger Informationsaustausch herrscht. Dafür gibt es aber etliche Schilder, die auf die Koralpe hinweisen. Die kenne ich vom Hörensagen. Genau wie die Gemeinde Hard in Vorarlberg. Ich stelle mir vor, wie schön ein Zusammenschluss über Bundesländergrenzen hinweg wäre – Hardkoralpe. Toll. Da gäbe es dann endgültig keine Sünd' auf der Alm mehr. Zumal – während wir auf der Suche nach einer Art Ortskern in St. Jakob bei St. Andrä noch immer nichts Erwähnenswertes finden können, weist uns ein weiteres Schild auf die Saualpe hin. Saualpe und Hardkoralpe, da könnte die Post abgehen. Nicht so in St. Jakob bei St. Andrä. Hier herrschen Einöde und Gewerbepark.

Am Horizont erkennen wir Schloss Wolfsberg, ein Renaissancebau, der bis ins elfte Jahrhundert zurückreicht. Wow, das könnte was hergeben. Wir folgen den Richtungsweisern, fahren im ersten Gang den steilen, engen Weg zum Schloss hinauf, bis uns ein Schild darüber aufklärt, dass das Schloss sowieso nicht zu besichtigen ist. Okay, das ist jetzt blöd. Zumal man vor rund tausend Jahren beim Bau des Schlosses nicht an die Möglichkeit gedacht hat, dass hier irgendwann ein japanischer Zweisitzer umdrehen wollen würde. Also rollen wir demütig im Leerlauf rückwärts den Berg hinunter und freuen uns, dass es keinen Gegenverkehr gibt. Der reiht sich nämlich gerade weiter unten im Gewerbepark ein. Habe ich schon erwähnt, dass es hier einen Gewerbepark gibt?

Laut Bevölkerungsverteilung aus dem Jahr 2001 zählt St. Jakob bei St. Andrä zwar zu den »Ortschaften über 50 Einwohner«, aber nicht zu den »Ortschaften über 100 Einwohner«. Diese unscheinbare, aber nicht unwesentliche Information hilft möglicherweise, den vorangegangenen

Zeilen etwas die Schärfe und den Zynismus zu nehmen. Gegebenenfalls entschuldige ich mich bei Gelegenheit bei jedem der fünfzig bis hundert Einwohner von St. Jakob bei St. Andrä persönlich. Öffentlich! Der Residenz Verlag wird das sicherlich gerne einrichten, und mir wäre es eine liebe Pflicht.

Wir sind aber nicht zum Spaß hier. Also wieder rauf auf die Autobahn und ab nach St. Jakob im Rosental. Das mit Südtirol wird sich heute wohl doch nicht mehr ausgehen.

Wir sind langsam genervt, weil wir den ganzen Tag nichts gegessen haben und von einem St. Jakob zum nächsten brausen. Sehr unpassend für Pilger, wenig bedächtig und nicht einmal zu Fuß. Außerdem ist es brütend heiß. Autobahn fahren macht an sich schon wenig Spaß und erst recht nicht in einem Auto, das eigentlich per Zulassungsschein als Gokart deklariert werden sollte. Und zudem ist Kärnten das Epizentrum germanischer Tourismuskultur. Halleluja. Wenn man in ein paar Tausend Jahren um den Wörthersee Ausgrabungen machen wird, wird man unsere Epoche »Piefkekultur« nennen. Analog zur »Neandertaler-Kultur«. Sicher interessant, wenn man gerne in Museen geht und sich daran freut, wie viel schlechter es die Menschen früher gehabt haben, aber nicht, wenn man in der Gegenwart lebt und einer von denen ist, die es schlechter haben, weil man persönlich betroffen ist.

Wie soll man sagen? Der permanente Belagerungszustand durch deutsche und osteuropäische Touristen kombiniert mit den unverhältnismäßig hohen, aus diesem Belagerungszustand direkt resultierenden Einkünften hat zu einer gewissen Verrohung des sonst liebenswerten Charakters der einheimischen Bevölkerung geführt. So gewinnt man den Eindruck, dass es den Menschen hier lieber wäre, wenn man sein Geld da lässt, persönlich aber auf der Stelle das Weite sucht. Macht ja nichts, wir wollen uns nur das wunderbare St. Jakob im Rosental anschauen und fahren dann gleich weiter. Wir werden niemanden stören. Kein Wirt muss wegen uns ein Zimmer herrichten, kein Kellner wegen uns seine müden Beine strapazieren. Und die Furt, in der die Einheimischen baden, lassen wir euch auch. Wir überweisen euch am besten das Geld, das wir sonst hier ausgegeben hätten, und verstecken uns daheim in Wien mit unseren Freunden vom Balkan im Keller. Ist das in Ordnung für euch? Fein, dann machen wir das so. Eine Frage noch: Die Kirche da, liegt etwas erhöht auf einem Hügel und sieht sehr hübsch aus, dürften wir da kurz rauf?

Auf dem Weg dorthin glaube ich ein Denkmal zum Kärntner Abwehrkampf zu sehen – das gehört wahrscheinlich zum Standard-Inventar Kärntner Gemeinden. Eh okay. In Wien nennt man Kinder und Häuser nach Viktor Adler und Karl Marx. Same difference.

Zum Vergleich: Die Volksabstimmung am 10. Oktober 1920 brachte in St. Jakob eine Mehrheit für den Anschluss an das Königreich Jugoslawien. Am 12. November 1918 beschloss die Nationalversammlung in Wien den Anschluss an die Deutsche Republik. Die Vorarlberger Bevölkerung hatte sich per Volksabstimmung vom 15. Mai 1919 mit rund 80 % der Stimmen für den Beitritt zur Schweiz ausgesprochen. Ersteres verhinderte die Wahlarithmetik, Zweiteres die alliierten Siegermächte und Letzteres die Schweiz.

Oft kommt es eben anders.

Das Leben verliert
doch sehr an Qualität,
wenn man von den
Möglichkeiten des
gesprochenen Wortes
nicht oder nur
ungenügend Gebrauch
macht.

Clemens Haipl

Die Kirche ist sehr hübsch, zumindest von außen, leider ist sie abgesperrt. Ebenso die öffentliche Toilette (da kann man sich ein Beispiel an St. Jakob in Breitenau nehmen). Ich sehe mich genötigt, in die Büsche neben dem Gottesacker zu pinkeln. Wenn mich da bloß keiner sieht! Mehr braucht man in dieser Gegend nicht: rotes Cabrio, Wiener Kennzeichen, Gymnasiasten-Deutsch, neigungsschwules Gehabe und dann noch neben der Kirche pinkeln. Da zerschellt einem schnell ein Bierkrug am Haupt, bevor das Kinn rapide auf eine Faust zu rennt. Von der Wirkung nicht anders als Bruck an der Mur, nur direkter.

Mir fällt auf, dass hier neben vielem anderen sogar das Pfarramt auf Slowenisch angeschrieben ist. Ist zwar keine Ortstafel, aber auch nicht unwichtig. Man weiß freilich nicht, ob deswegen mehr Menschen in die Messe kommen. 16,4 % der Bevölkerung gehören der slowenischsprachigen Volksgruppe an. Bei der Volkszählung 1910 gaben noch 90 % der St. Jakober an, ihre Umgangssprache sei Slowenisch. Wie gesagt, alles relativ. Fragen Sie mal in Wien, wie viel Prozent Deutsch als Umgangssprache verwenden und wie viele das 1910 taten. Sprache ist ja etwas Lebendiges. Am Friedhof liegen deutsche und slowenische Kärntner friedlich nebeneinander, zumindest merkt man an der Oberfläche nichts.

Man kann übrigens für die neue Kirchenorgel Patenschaften für Orgelpfeifen übernehmen. Selbstverständlich auf Deutsch und Slowenisch. Wer sich also klingend verewigen will, sollte das in Betracht ziehen.

Ach ja – von der Website von St. Jakob im Rosental:

Es sind die einfachen Dinge, die hier zählen: Die unberührte Landschaft mit sauberen Wäldern und Almen, glasklare Bäche, im Wind wogende Felder, der Blumenschmuck an den Häusern und die Gastfreundschaft der Bevölkerung. Viele gut markierte Wanderwege lassen Sie den Alltag vergessen und mit jedem Schritt Neues entdecken. Für Radfreunde gibt es einen 364 Kilometer langen Drau-Radweg durch verträumte Aulandschaften. Brauchtum hautnah erleben Sie bei diversen zahlreichen Kulturveranstaltungen und am Wochenmarkt. Und die sprichwörtliche Kärntner Gastfreundschaft finden Sie in unseren gemütlichen Gastronomie- und Beherbergungsbetrieben.

Das stimmt ganz sicher, und niemals würde ich auch nur einen Punkt davon in Abrede stellen. Unterkunft haben wir dann aber doch im Nachbarort St. Egyden gefunden. Und dort sitze ich jetzt, während ich versuche, meine Gedanken zu ordnen.

Die vier Wiener Kretins sind mittlerweile weg. Offenbar sind sie müde geworden. Die ausgesprochen nette (und holländische) Wirtsfamilie hat die Wahnsinnigen in allen Varianten und jedenfalls ausreichend mit Bier und Pommes versorgt, und dann sind sie abgezogen. Keine Ahnung, wo sie jetzt ihr Unwesen treiben, ist mir aber auch egal. Sogar der archetypische Piefke in Birkenstock und Socken ist vergleichsweise ruhig. Heißt, er schreit relativ ruhig – nicht mehr ins Telefon, sondern seinem Gegenüber, Modell »netter, junger Piefke«, ins Gesicht. Thema ist noch immer Fußball, aber damit kann ich leben, ich bin großzügig. Alles in allem, es ist wieder schön hier. Wirklich. Es geschehen Zeichen und Wunder. Danke, lieber Jakob.

Der Beweis: Ich war dort!

Samstag, 18. Juli

Ich hätte mich nicht zu früh freuen sollen. Der deutsche Schreiaffe hat zu später Stunde, als wir eigentlich schon schlafen wollten, ein paar Artgenossen ausgemacht, und darauf haben sie dann beschlossen, zu viert weiter über Fußball zu debattieren. Sagen wir »debattieren« und einigen wir uns darauf, dass ich »schreien«, »grölen«, »krakeelen« usw. meine. Günstigerweise genau vor unserer Zimmertür. Herr, was muss man noch alles tun, um Absolution zu erlangen? Ich habe so verzweifelt mit den Augen gerollt, dass Verena nach einer Viertelstunde unfreiwilliger Belehrung über die deutsche Bundesliga gemeint hat, sie gehe jetzt vor die Tür und bitte um Ruhe. Das war mir dann aber doch zu peinlich: Als Mann vom Lärm der Nachbarn genervt sein und dann die jüngere und ganz offensichtlich schwächere Frau zum Beschweren schicken. Also habe ich geantwortet, ich werde die vier Schrumpfgermanen (© Mundl) selbst fragen, ob ihnen vielleicht jemand ins Hirn geschissen hat. Geklungen hat das dann so: »Gentlemen, ich habe jetzt eine Menge über Fußball gelernt. Danke vielmals, aber könnt ihr vielleicht woanders weitermachen?« Die haben das anstandslos akzeptiert, bevor sie dann tatsächlich woanders weitergemacht haben. Respekt. So rücksichtslos ihr bisheriges Verhalten war, so unkompliziert und schnell hat sich die Situation letztlich verbessern lassen. »Durchs Reden kommen die Leute zusammen«, sagt man ja. Und wie so oft hat der Volksmund auch hier recht.

Ich habe dank Ohropax hervorragend genächtigt, Verena dank keinem Ohropax nicht. Beim Frühstück treffe ich auf meine vier Lieblingswiener. Verena meint, dass es möglicherweise gar keine Wiener sind, sondern Oberösterreicher, das halte ich aber für unwahrscheinlich. Fakt ist, die Deppen haben sich gestern Nacht so verausgabt, dass sie sich jetzt tatsächlich so ähnlich benehmen wie Menschen. Selbst das DJ-Ötzi-Lookalike schafft es, ohne Gegröle und Gegrunze eine Semmel samt Butter UND Marmelade vom Buffet zu holen. Na also, es gibt ihn, den Fortschritt.

Draußen regnet es in Strömen. Keine guten Rahmenbedingungen, um jetzt nach Südtirol weiterzufahren oder gar nach Italien. Nein, da bleiben wir lieber in der Gegend.

St. Jakob im Lesachtal wäre der nächste Kandidat. Laut Straßenplan wäre das eine recht beschauliche Strecke von einer bis anderthalb Stunden Fahrt über bezaubernde Landstraßen, romantische Anhöhen, durch sportliche Kurven usw. Kurz, Roadster fahren, wie es sich gehört. Folgerichtig lotst mich das Navi direttissima auf die Autobahn. Scheiße, da wollte ich jetzt ganz bestimmt nicht hin. Nach ein paar Hundert Metern – die Autobahn teilt sich in Richtung Villach und Richtung Klagenfurt – schweigt das Navi trotzig. Ich entscheide mich spontan für rechts, Richtung Klagenfurt. In der Sekunde, in der ich definitiv und absolut nichts mehr an dieser Entscheidung ändern kann, bellt das Navi: »Umdrehen! Auf der Stelle! Jetzt! Umdrehen! Das sage ich den Eltern!« Danke, du Trottelgerät. Es gießt aus Schaffeln, wir sitzen in einem Spielzeugauto mit Fetzendach zirka zehn Zentimeter über dem Asphalt und fahren durch eine Gischt im Blindflug in die falsche Richtung. Was wir hier gerade machen, ist so, als würde man versuchen, mit Rollschuhen durch die Niagarafälle zu fahren. Das greift aber zu kurz. In den Niagarafällen schneiden einen nicht pausenlos Idioten, die den Sinn und Zweck von Blinkern noch nicht begriffen haben.

Nach einer halben Stunde (ich bin von der Autobahn abgefahren und (diesmal Richtung Villach) wieder aufgefahren) (warum, weiß ich nicht mehr, eigentlich wollte ich doch Landstraße fahren) lässt der Regen nach. Irgendwann hört er ganz auf und die Autobahn auch. Wir fahren also ohne Waschstraßen-Feeling endlich Landstraße, Richtung St. Jakob im Lesachtal.

Vorher biege ich aber noch ab Richtung Gailtail, Windische Höhe. Dort gibt es eine Pension, die ich schon kenne und die halb schwedisch, halb kärntnerisch geführt wird. Spitzenklasse! Aber ich darf nicht bleiben, ich muss ja nach St. Jakob weiter. Wollte nur nachsehen, ob das Haus noch steht und so aussieht, wie ich es in Erinnerung habe. Tut es, beides.

Außerdem wollte ich dann noch wissen, ob es die Pension in Hermagor noch gibt, in der ich schon einmal eine Woche lang genächtigt habe. Gibt es auch noch immer. Sieht wunderbar aus, ist herrlich ruhig und komplett ausgebucht.

Aha. Einen habe ich noch: Waldemar, der Wirt hoch oben auf dem Berg bei Hermagor. Ich fahre vorsichtig da hinauf und achte dabei bewusst darauf, mit dem Auto nicht zu weit rechts zu fahren, weil ich ungern abstürzen würde. Waldemar hat nicht nur ein Gasthaus mit sechs Zimmern, sondern einen Bauernhof mit sehr vielen Tieren (Schweine, Rinder, Hasen, Vögel, Mäuse, angeblich auch Schildkröten usw.). Am Nebentisch diskutieren zwei ältere Damen mit Hingabe, ob ein »strammer Max« jetzt ein Zugeständnis an deutsche Touristen ist oder nicht, und bestellen dann doch ein großes Glas Wasser. Ich entscheide mich für die Schoko-Nuss-Palatschinke, die mir fortan angenehm schwer im Magen liegt, und wir beschließen, heute ausnahmsweise hier zu schlafen – obwohl es hier nicht St. Jakob heißt. Andererseits, es liegt am Weg, ist also quasi auch eine Pilgerstätte. Und vor allem: Nachdem wir in den letzten zwei Tagen auf die Spuren von Kaiser Karl und den Stoakoglern gestoßen sind, findet die Serie in Hermagor eine würdige Fortsetzung: Hermagor ist der Heimatort niemandes Geringerem als Armin Assinger! Armin Assinger, der gelernte Gendarm und ehemalige Spitzenschirennläufer (vier gewonnene Weltcup-Rennen, zahllose TV-Kokommentare bei Schirennen und ungezählte Menschen, die er als Moderator bei der *Millionenshow* reich und glücklich gemacht hat).

Das muss man sich auf der Zunge zergehen lassen: Kaiser Karl, die Stoakogler und Armin Assinger. Drei große Erscheinungen, verbunden durch den Weg nach St. Jakob. Ich möchte an dieser Stelle festhalten: Es gibt keine Zufälle. Es ist genau die Art von Spiritualität, von der man überall liest, von der alle Pilger in der einen oder anderen Form erzählen (blättern Sie ruhig nach, bei Shirley MacLaine, bei Hape Kerkeling, dem zuständigen Jakobsführer Ihrer Diözese oder wo immer Sie wollen). Aber man glaubt es nicht, wenn man es nicht selbst erlebt hat. Ich glaube es jetzt. Danke, Kaiser Karl (er hat sicher auch einen Nachnamen, der wird aber oft weggelassen). Danke, liebe Stoanis (wie die Freunde der Erfolgsband sagen). Danke, lieber Armin (wie Freunde des Erfolgsmoderators sagen – einfach Armin, ohne Nachnamen).

Alles in allem: Grund genug, hier zu nächtigen.

Davor haben wir aber noch eine Mission zu erfüllen: St. Jakob im Lesachtal.

Der Regen hat sich endgültig verabschiedet, und die Reise gestaltet sich so angenehm, wie sich das gehört: offenes Verdeck, Sonnenschein, blonde Freundin am Beifahrersitz, kurvige Bergstraßen, und aus dem Autoradio tönt »Coco Jumbo« von Mr. President.

Wie bitte? »Coco Jumbo«? Mr. President? Großer Gott, das war wieder notwendig. Aber egal, wir haben ja Sinn für skurrilen Humor, und nach knapp einer Stunde durchwegs netter Gegend sind wir in St. Jakob im Lesachtal.

In St. Jakob im Lesachtal muss man aufpassen, dass man kein allzu langes Auto benutzt, sonst ist man gleich wieder aus dem Ort draußen. Genau genommen besteht der Ort aus einer Kirche, einem Feuerwehrhaus (das von außen kleiner aussieht als ein übliches Feuerwehrauto – das ist durchaus logisch, weil das örtliche Feuerwehrauto wahrscheinlich kleiner ist als ein übliches Feuerwehrauto), einem Wirten (der wie so viele in dieser Gegend darauf hinweist, dass Radfahrer und Motorradfahrer willkommen sind (wie Hunde) – vielleicht bekommen sie auch eine Schüssel Wasser?), zwei, drei Häusern und einem Postamt. Ich bin begeistert. Die Faymannschen Postamtsschließungen können also doch nicht so radikal gewesen sein. Wenn ein Ort von der Größe eines besseren Fußballfeldes ein eigenes Postamt hat, kann es nicht so schlimm stehen im Staate Österreich.

Danach fahren wir zurück zu Waldemar.

Auf dem Jakobsweg, aus Fahrersicht

SONNTAG, 19. JULI

Es ist bei Waldemar schlicht und ergreifend so schön, dass wir nicht weiterziehen wollen. Demütig (was nicht nötig gewesen wäre) fragen wir, ob wir nicht noch eine weitere

Nacht in dieser wunderbaren Umgebung verbringen dürfen. Wir dürfen. Aus irgendeinem Grund ist ein Zimmer nicht besetzt, das rein reservierungstechnisch besetzt sein sollte, und so können wir bleiben. Auch an dieser Stelle: Danke, lieber Jakob.

Es gibt hier Hochlandrinder, die Stirnfransen haben, und ich frage mich, warum Rinder im Speziellen und Tiere im Allgemeinen keinen Haarausfall haben. Halten sie sich für etwas Besseres? Ist (männlicher) Haarausfall ein evolutionärer Vorteil im Kampf um Weibchen? Und wenn ja, warum lässt sich dann Silvio Berlusconi Haare verpflanzen? Der Mann hat alles, Geld, Macht, Medien, einen eigenen, international anerkannten Staat, der Italien heißt. Ihm fallen die Haare aus, was – so nehmen wir hier einmal an – ein evolutionärer Vorteil sein muss, weil sonst auch Tiere Haarausfall hätten, und dann lässt er sich Haare implantieren ... Da stimmt doch etwas nicht!

Montag, 20. Juli

Was bewegt Menschen, Gastronomiebetrieben Namen wie »Pension Lustig Grün«, »Gasthaus Wia z'Haus« oder »Hotel Sunshine« zu geben? Wie kann es im Freibad von Hermagor zu einer »Reggae Nacht« kommen? Und warum hat keiner aufgepasst, als man das »Love Vegas« und die »Bar Maxim« in die Welt gesetzt hat? Mitten im Drautal, an der Landstraße zwischen Campingplätzen und Lokalen mit den eingangs erwähnten Namen? Ich weiß das alles nicht, aber ich will jetzt darüber nachdenken.

Bei Waldemar war es herrlich. Ich habe die spirituelle Nähe zu Armin Assinger genossen und verstehe jetzt besser, warum Bauern Förderungen brauchen. Es ist nicht leicht, vierundzwanzig Stunden am Tag für deutsche, holländische UND österreichische Touristen so zu tun, als würde man sie mögen. Das gelingt vielen, und ich habe großen Respekt vor diesen Menschen. Trotzdem mussten wir aufbrechen und uns in Richtung St. Jakob im Defereggental aufmachen. Aus irgendeinem Grund hatte ich mir erwartet, dass die Wäsche weniger wird, wenn ich sie mal getragen habe. Also analog zu einer Flasche Wasser: Wenn man daraus trinkt, wird sie leichter und trägt sich auch immer leichter. Ich habe jetzt den halben Kofferraum voller verschwitzter Unterhosen, Socken, T-Shirts usw., aber er geht deswegen überhaupt nicht leichter zu. Intellektuell kann ich das fassen und nachvollziehen, ganz trauen möchte ich dem Ganzen aber doch nicht, rein gefühlsmäßig. Vielleicht lege ich mich des Nachts auf die Lauer, um mit eigenen Augen zu überprüfen, was die Schmutzwäsche macht, wenn sie denkt, dass wir Menschen schlafen.

Zurück zu dem Problem mit den Namen: Ich sehe ein, dass in Tourismusgebieten ein großer Konkurrenzdruck herrscht und dass man kreativ sein muss, um aus der Menge hervorzustechen. Vielleicht schickt man dann den ältesten Sohn aufs Gymnasium, damit etwas Ordentliches aus ihm wird. Vielleicht hat man auch einen Neffen, den man an sich schon immer für schwul gehalten hat, weil er sich weniger für Traktoren interessiert als für Kunst. Bilder, Gedichte und so. Den fragt man dann: »Du, wir brauchen einen Namen für die Pension. Was meinst du, wie klingt »Pension gut schlafen und Frühstück, aber auch biologisch vom Essen her und die Giftstoffe, weil es das ist, was denen aus der Stadt gut gefällt – aber auch mit Unterhaltung (Erlebnisbad, Kinderspielplatz und ein volkstümlicher Abend jeden ersten Freitag im Monat)« als Name? Ja, ist recht lange. Aber es gehört alles rein in den Namen, und von mir aus könnte man das mit dem Schlafen und dem Frühstück weglassen, weil das der Name »Pension« an sich schon sagt.« Der schwule Neffe mit Kunstneigung (er hört vielleicht nur FM4 statt Ö3 oder trinkt lieber Wein statt Bier) legt dann den Kopf zur Seite und spricht: »Da muss ich ein bisschen nachdenken.« Der Onkel: »Haha, drum legst den Kopf zur Seit'n, damit des bissl Hirn zamrinnt, ha? Na, Spaß beiseite. Denk ruhig nach.« Nach einigen Tagen kommt der Neffe dann mit dem Ergebnis – »Pension Lustig Grün« (beinhaltet alles Geforderte, inklusive Bio-Touch und Unterhaltungsangebot). Der Onkel schaut ungläubig, muss aber zugeben, dass die Jungen heute in der Schule schon Sachen lernen und dass das Internet was ist, was sie früher nicht gehabt haben. Na ja, und darum heißt eine Pension eben »Pension Lustig Grün«.

Habe ich nicht definitiv überprüft, halte ich aber für sehr wahrscheinlich. Was es mit »Hotel Sunshine« auf sich hat, weiß ich nicht. Klingt halt international – und wer will nicht international sein? »Gasthaus wia z'Haus« ... mein Gott, was soll man von Menschen erwarten, die mit ORF und RTL sozialisiert worden sind und das, was ihnen da vorgesetzt wird, für originell halten? Ist kein Vorwurf, aber man darf sich nicht wundern, dass der Filius kein Haubenkoch wird, wenn man ihn mit Steckrüben und Küchenabfällen hochzieht. Jahrhundert-Koch schon gar nicht. Insofern kann man davon ausgehen, dass Eckart Witzigmann als Kind mehr als Wurstsemmeln mit Dreh und Trink vorgesetzt bekommen hat. Ich habe danach gegoogelt und nichts gefunden. Also habe ich den Meisterkoch einfach angemailt. (Ob ein Koch ein Schnitzel auch »anmehlt«, bevor Ei und Brösel drankommen? Das war ein schlechter Wortwitz, aber egal.) Hier seine Antwort:

In einem Mail bat mich Clemens Haipl, über sein vorliegendes Werk vom Leder zu ziehen und zu schreiben, was der Autor da für einen Schmarrn verfasst habe. Diesen Gefallen werde ich ihm nicht erweisen können. Denn ich habe mich beim Lesen seines Buches köstlich amüsiert.

Ich pflichte seiner Theorie bei, dass man nicht extra auf dem legendären Jakobsweg pilgern muss, um sich selbst zu finden. Entscheidend ist der Weg ins Innere. Und den kann man im Grunde überall finden. Sogar in einem österreichischen Bistropilspupbeislrestauranthotel in St. Jakob. Entscheidend ist, dass man sich auf die Reise macht – sonst wird man nie ankommen. Anders gesagt: Santiago de Compostela ist überall.

Für jeden liegt die Offenbarung woanders. Bei mir ist es eindeutig die Liebe zum Essen und dem damit verbundenen Genuss. Da ich nicht zu den Plattfußindianern des Stammes der Haipls zähle, sondern als Bad Gasteiner das Wandern im Blut habe, habe ich diese beiden Leidenschaften jüngst miteinander verbunden. Seit 2009 unterstütze ich die »via culinaria – Genusswege im Salzburger Land«. Ebenso lange bin ich Schirmherr des »Kulinarischen Jakobsweg Paznaun-Ischgl«. Damit greifen die Veranstalter und ich den aktuellen Trend zur Selbstfindung auf und richten den Fokus bewusst auf das ewig junge Thema Regionalität in Verbindung mit Essen (Stichwort: Slowfood).

Seit geraumer Zeit stelle ich fest, dass die Liebe zum gesunden Genuss auch außerhalb von Sterne-Restaurants und Gourmet-Tempeln vermehrt ein Thema wird. Das ist erfreulich und wichtig zugleich. Zu häufig bleibt es beim Boom der kulinarischen Events aber bei gut gemeinten Strohfeuern, die schnell wieder verpuffen. Mit dem »Kulinarischen Jakobsweg Paznaun-Ischgl« haben wir eine Idee geboren, die das Thema umfassend und auch nachhaltig angeht. Das Prinzip ist simpel: Vier internationale Sterneköche kreieren für je eine Alpenvereinshütte im Paznaun eine Speisekarte aus regionalen Gerichten und Produkten. Diese Kreationen werden während des ganzen Bergsommers auf den Hütten angeboten, von den Wirtsleuten nachgekocht. Ergänzt wird das Angebot durch kulinarische Wanderungen mit Stempelheft, Rezepte der Küchenchefs und verschiedene themenbezogene Veranstaltungen.

Das Motto »Genuss auf höchster Ebene« ist beim kulinarischen Jakobsweg wörtlich zu nehmen. Die an der Aktion beteiligten Berghütten liegen allesamt auf Höhen, die erwandert sein wollen. Ganz im epikureischen Sinne muss man sich den Genuss also erst einmal verdienen. Aber die Mühe lohnt sich allemal. Denn die Symbiose aus internationaler Sterne-Küche, konsequenter Verwendung von regionalen Produkten und urigem Bergerlebnis ist einmalig. Und wer weiß – vielleicht habe ich mit diesen Zeilen auch den Wander-Appetit unseres fußkranken Autors geweckt. In diesem Sinne: stay hungry – for life! In genussvoller Verbundenheit, Ihr Eckart Witzigmann

Die Idee zur »Reggae Nacht« im Freibad von Hermagor muss der Erkenntnis entsprungen sein, dass es sowohl in Jamaika als auch im Freibad Sonne und Wasser gibt. Da kann der Unterschied schon nicht mehr sehr groß sein. Ist oft nicht ganz so, kann man aber verstehen. Und die Puffs an der Landstraße zwischen den Campingplätzen? Na ja, scheinbar spielen die Familienväter der zahlreichen Touristenfamilien nicht nur Minigolf, wenn die Kinder endlich im Bett sind. »Papa ist gestern zehn Stunden durchgefahren, der muss sich jetzt ablenken gehen.« Soll sein. Besser als sie nehmen Rauschgift.

Gut, wir sind also durch die Gegend um den Weißensee gefahren (ein sehr schöner See mit einem sehr schönen Namen). Der Sattel zwischen Hermagor und dem Weißensee ist tadellos neu asphaltiert. Das lernt man zu schätzen, wenn man praktisch keine Federung hat. Wie ein junges Fohlen bin ich quietschvergnügt über die Straße geglitten (nicht dass Fohlen oft gleiten, aber das Bild vermittelt doch einen schönen Eindruck von Lebensfreude und Optimismus, nicht wahr?). Wagemutig habe ich mich in die Kurven geworfen und teilweise sogar über dreitausend Umdrehungen riskiert. Ich weiß, ich bin wild, ich bin nun mal ein Rock'n'Roller. Dann aber – ein prächtiger Lastwagen vor mir. Er nötigt mich, meine mir angeborene sportliche Geschwindigkeit zu drosseln. Wie dreist! Überholen kommt gar nicht infrage. Viel zu gefährlich. Die Lösung: Ich fahre rechts ran und putze die Windschutzscheibe, was eh schon die längste Zeit überfällig ist, weil die eine Fliege genau an der Stelle zerkletscht ist, durch die ich besonders gerne nach draußen schaue. Ich erzähle Verena von meinem überaus wagemutigen Vorhaben, will schon den Blinker raus tun – da fährt der LKW vor mir rechts ran und winkt mich vorbei. Wird nun doch nichts aus meinem nassforschen Plan! Ich werde die Windschutzscheibe ein anderes Mal putzen und bin für den Moment sehr begeistert von der Freundlichkeit des LKW-Fahrers. Es gibt ja doch nette Menschen, wie schön. Vielleicht hat er auch bemerkt, dass wir Pilger sind. Man sieht uns das bestimmt an: ein graubärtiger Vierzigjähriger in Fred-Perry-Polo am Volant eines Ersatzporsches, daneben eine junge blonde Dame mit Christian-Dior-Sonnenbrille, Evian schlürfend und Downbeat hörend. Die Suche nach uns selbst und der Wille zum Einfachen, Wesentlichen springt uns geradezu aus dem Antlitz.

Das Drautal (unaufdringlicher Tourismus, schöne Pensionsnamen und verruchte Lokale) habe ich ja vorhin schon lobend erwähnt. Irgendwann sind wir dann in Lienz angekommen. Lienz habe ich sehr gerne, da war ich als Teenager einige Male Schifahren. Wann und wo weiß ich nicht mehr genau (doch, mittlerweile habe ich herausgefunden, dass es Zettersfeld war). Ich kann mich nur erinnern, dass *Der ganz normale Wahnsinn* mit Towje Kleiner gerade im Fernsehen lief, und kurz davor muss Falco den *Kommissar* herausgebracht haben. Besonders gefinkelte Erwachsene, die vermitteln wollten, dass sie genauso jung und verrückt sind wie wir Zwölfjährigen, haben nämlich geradebrecht (radegebrochen? radegebrecht? geradegebrochen?) »Da didel dum, der Kommissar geht um«. Geht natürlich gar nicht. Nahezu peinlich. Na ja, das war jedenfalls Lienz.

Wenig später kann man dann schon ins Defereggental abbiegen, und ich muss sagen, es gilt nicht umsonst als die beliebteste Tourismusregion Osttirols. Die Landschaft ist einfach Weltklasse (muss hier auch einmal gesagt werden). Jawohl, ich behaupte, dass reißende Wildbäche, sattgrüne Wiesen, schneebedeckte Bergspitzen und wohlriechende Tannenwälder bei den meisten Menschen gut ankommen. Sogar bei strahlendem Sonnenschein und blitzblauem Himmel. Im Ernst, das ist gar nicht so schlecht. Probieren Sie das ruhig einmal aus.

Um genau zu sein haben das schon zirka achtzig Millionen Menschen vor uns ausprobiert. Es gibt hier nämlich nicht viele von Menschenhand erschaffene Gebäude, die nicht der Unterbringung von Feriengästen dienen. Ich meine, mich eines Marterls und einer Futterkrippe entsinnen zu können. Wobei man Letztere zu Stoßzeiten bestimmt auch als Notbett an den holländischen Mann bringt.

Zitat Wikipedia: *Mit einer Bevölkerung von knapp 1.000 Einwohnern ist St. Jakob heute der Hauptort des Defereggentals. Die flächenmäßig zweitgrößte Gemeinde des Bezirks ist mit nur 5 Einwohnern pro km² das am dünnsten besiedelte Gebiet Osttirols. Wirtschaftlich ist der Tourismus die wichtigste Einkommensquelle der Bevölkerung. Die Gemeinde zählt nach Matrei in Osttirol die meisten Nächtigungen in Osttirol und ist im Wintertourismus führend.*

Nachdem wir das gesamte Tal von Hopfgarten über St. Veit bis St. Jakob (zirka zehn Kilometer) gewissenhaft durchmessen hatten, beschlossen wir, weil es so schön war, noch einmal zurückzufahren, um sicherzustellen, dass wir auch bestimmt nichts versäumt haben, und sind dann, nachdem wir das überaus sehenswerte Defereggental ein zweites Mal begutachtet hatten, noch einmal an seinen Anfang zurückgekehrt.

Die leider sehr unrustikal aussehende Dame von der Touristeninformation (sie wirkte eher wie eine holländische Hausfrauenprogrammmoderatorin, sprach aber ganz eindeutig einen Tiroler Akzent) meinte auf unsere Frage, wo denn noch etwas frei sei, nicht ganz unrichtig, wir sollten am besten überall vorbeifahren, nachsehen und selber fragen. Nicht die falsche Auskunft, aber da wäre noch mehr drinnen gewesen. Dann hätte sie sich aber nicht so gut mit ihrem Kollegen hinter dem Schalter unterhalten können. Dabei hatten wir sie nämlich ganz augenscheinlich gestört, und ich möchte mich an dieser Stelle in aller Form dafür entschuldigen.

Immerhin hat sie uns einen Prospekt mit zirka fünfhundert Pensionen, Hotels und Gasthäusern mitgegeben. Das hatte den nicht unwesentlichen Vorteil, dass wir nicht überall aussteigen mussten, um persönlich nachzufragen, wie das jetzt sei mit Zimmern und Verfügbarkeit. Nein, wir haben uns vor der jeweiligen Immobilie lässig eingeparkt und dann im Auto sitzend nebenan angerufen. Die Nummern hatten wir ja dank der holländischen Hausfrauenprogrammmoderatorin, und bequemer war es so auch irgendwie.

Der Bürgermeister von St. Jakob im Defereggental hat auf mein, wie ich meine, sehr freundliches E-Mail leider nicht geantwortet, und er hat mich auch nicht angerufen. Weiterführende Informationen zum Ort und zu seiner Befähigung als Pilgerstätte muss ich mir also wohl oder übel selbst erarbeiten. Vielleicht kommt mir dabei zugute, dass ich hier schon einmal war. Als Fünfjähriger hatte ich möglicherweise noch nicht den Blick für das Wesentliche im Pilgerbetrieb, aber viele Erfahrungen und Erinnerungen werden ja unbewusst gespeichert. Und wer weiß, vielleicht habe ich ein solches Déjà-vu-Erlebnis, dass die Erkenntnis wie von selbst den Weg zu mir findet.

Schließlich haben wir uns für einen Gasthof zirka drei Kilometer oberhalb des Ortes entschieden, wo ich jetzt sitze und hoffe, dass es nicht zu regnen beginnt. Es ist hier nämlich dermaßen steil, dass ich befürchte, der kleinste Regenguss könnte den ganzen Bauernhof samt Gasthaus in die hier doch sehr tiefe Tiefe reißen. Das wäre unangenehm, zumal wir noch nicht bezahlt haben. Es gefällt uns hier, und der Vergleich mit einem Adlernest drängt sich allen Klischees zum Trotz auf.

DIENSTAG, 21. JULI

Was tut ein Adler, wenn er Durchfall hat? Er verlässt das Nest, alles andere wäre fahrlässig. Folgerichtig habe ich mich ins Tal begeben. Das war, um der Wahrheit die Ehre zu geben, freilich nur Zufall. Wir wollten nach dem Frühstück schlicht und ergreifend St. Jakob im Defereggental erkunden. Also haben wir zuerst die Aussicht von der Frühstücksstube auf das Bergmassiv genossen, hernach selbige (bestimmt als erste Gäste überhaupt) gegenüber der Wirtin laut und wortreich gepriesen (während aus dem Radio Musik klang, die von Wolfgang Petry oder von den Paldauern gewesen hätte sein können – die Kastelruther Spatzen waren es nicht, das wäre so nahe bei den Dolomiten zu offensichtlich gewesen) und haben sodann, mit der Gesamtsituation sehr zufrieden, den Wagen bestiegen. Beim Öffnen des Daches verspürte ich zwar ein leichtes Gluckern im Magen, führte das aber einerseits auf die Vorfreude zurück, die ich in Erwartung der kurvenreichen Straße Richtung St. Jakob verspürte, andererseits auf eine Form von Erkenntnis (im Jakobschen Pilgersinn), die mir im Schlaf zuteilgeworden war (doch davon später).

Man muss sich die Straße von unserer Unterkunft hinunter in den Ort so vorstellen wie diese Teernähte, mit denen auf Autobahnen Asphaltplatten verbunden werden. Nur ohne Asphaltplatten. Also schmal, sehr schmal, mit genug Platz für Schlaglöcher. Ein Raumwunder, wie die Automobilwerbung sagen würde. Das macht trotzdem Spaß, wenn man gerne Kurven fährt, und das tue ich. Es ist aber kein guter Moment für Verdauungsschwierigkeiten, wenn man zirka zehn Minuten Kurven gefahren ist und irgendwo in den Tiroler Alpen auf einem Steilhang in einer Kehre steckt, die Ben Hur zur Aufgabe gezwungen hätte. Für Verdauungsschwierigkeiten ist an sich nie ein guter Moment, vor allem dann nicht, wenn man nicht umdrehen kann, weil die Straße nicht breit genug ist. Geht rein technisch nicht. Basta. Andererseits sind es noch zehn Minuten bis zum Ortskern, und den will man schon aus purem Ehrgeiz erreichen. Wir haben keine Kinder, also muss ich solche Situationen selbst provozieren.

Ich: »Ich muss aufs Klo.«

Sie: »Fahr halt hin.«

Gute Idee, das mache ich. Dumm, dass gerade beim Sägewerk eine sehr umständliche Umleitung installiert wurde. Schöne Gegend, keine Frage. Tolle alte Bauernhäuser, saftige Weiden, rauschender Wildbach, zerfurchte Gesichter am Wegesrand ... ich muss aufs Klo, Himmelarsch und zugenäht. Also mit quietschenden Reifen auf den Hauptplatz von St. Jakob im Defereggental und ab ins Kaffeehaus. Was bestellen wir dort auf die Schnelle? Einen »Coup Jakob«, eine Komposition aus Fruchteis, und einen »Coup Nussknacker«, Schoko- und Pistazieneis an einem Potpourri von verschiedenen Nüssen. Sonst nichts, danke. Darauf habe ich mich schnell zurückgezogen.

Als ich vom Klo zurückkam und meinen »Coup Nussknacker« auf mich warten sah (ich wiederhole gerne noch einmal: »Schoko- und Pistazieneis an einem Potpourri von verschiedenen Nüssen«), hatte ich den Eindruck, dass ich ihn schon einmal gesehen habe. Vor gar nicht langer Zeit.

Geschmeckt hat trotzdem alles wunderbar. Ein kurzer Blick auf mein iPhone bestätigt, der Bürgermeister hat sich noch immer nicht gemeldet. Also weiter im Text. Wir sehen uns zuerst einmal die wunderschöne Pfarrkirche von St. Jakob an. Aus irgendeinem Grund faszinieren mich die Gedenkbilder aus dem Zweiten Weltkrieg gleich beim Eingang. Vor der Kirche steht ein Denkmal für die im Ersten Weltkrieg Gefallenen. Grundsätzlich halte ich die Verehrung der Ahnen für nicht völlig falsch. Es muss einen Grund geben, warum das Naturvölkern auf sämtlichen Kontinenten so wichtig ist. Ohne Schuldzuweisungen, ohne vertrottelten Hurra-Patriotismus daran denken, wer man ist, woher man kommt, und dazu stehen. Das kennt man als Städter nicht. Nach längerem Nachdenken fällt mir als einziges (sehr holpriges) Äquivalent nur das Russendenkmal am Schwarzenbergplatz ein. Und das ist doch sehr anders als die zartrosa eingefärbten Schwarzweißfotos von diesen gefallenen jungen Männern, die so aussehen, als ob sie noch nicht Moped fahren dürften. Fünf oder sechs von ihnen heißen wie unsere Wirtsfamilie. Ich traue mich aber nicht nachzufragen, ob das der Großvater und seine Brüder waren. Ist ja doch ein sensibles Thema. Aber die bloße Vorstellung, dass eine Familie in einem Aufwischen eine ganze Generation verliert, bestätigt meinen Entschluss, Zivildienst gemacht zu haben (im ehrlichen Ansinnen, Krieg zu vermeiden), lässt mich aber auch recht flott meine Magenschmerzen vergessen. Ein Blick in die Kirche zeigt außerdem unmissverständlich, wer hier der Leidende ist. Jesus Christus nämlich. Und nach ihm jede Menge Märtyrer. Danach kommt lange nichts und erst dann vielleicht einer von den verwöhnten Kirchenbesuchern, die alle nicht wissen, was wirkliches Leiden ist. Darum muss man es ihnen auch sehr anschaulich zeigen. Ich mag die katholische Logik. Sehr lebensbejahend und menschenfreundlich. Empathisch, möchte ich fast sagen.

Der Kreuzweg hier erinnert mich daran, dass ich als Kind sehr oft in der Kirche war und nicht zu wenige Kreuzwege miterlebt habe. Ich kann mich erinnern, das war meistens sehr langweilig. Auch wenn progressive Pfarrer dann und wann sogenannte »Kinderkreuzwege« veranstaltet haben. Das waren dann quasi Führungen durch eine illustrierte Hinrichtung für Minderjährige. Im Prinzip könnte man das auch mit süßen Handpuppen aus Plüsch vorführen: »Hallo, liebe Kinder, ich bin der Pontius Pilatus, und ich werde jetzt den Jesus an ein Kreuz nageln. Wollt ihr mir helfen? Und jetzt alle: Hauuuuu-Ruck, Hauuuuu-Ruck!! Rawuzi Kapuzi, die Nägel gehen nicht durch die Hände vom Jesus. Wahrscheinlich hat er sie nicht gewaaaaschen! Kommt, Kinder! Zeigt alle mit dem Finger auf den Jesus und sagt Bäääääää!!!«

Ab und an braucht man
Regen, um die Sonne
genießen zu können.

Clemens Haipl

Okay, ist ein wenig polemisch. Aber wie wollen Sie den berühmten Außerirdischen, die in fünftausend Jahren die Erde bereisen werden, erklären, dass man eigens für Kinder Führungen organisiert hat, um ihnen zu zeigen, wie man einen Menschen zu Tode foltert, und zwar im Namen von Religion und Nächstenliebe? Gleichzeitig sollen sie aber nicht zuschauen, wenn ein Schwein geschlachtet wird, weil das grausam ist, und dann schmeckt das Schnitzel nicht mehr.

Der hl. Dollfuß
(Deckengemälde in St. Jakob im Defereggental)

Wie gesagt, ich kann mich erinnern, dass Kreuzwege immer sehr langweilig waren. Also haben meine Freunde und ich auf die Stellen gewartet, wo Jesus stürzt und gegeißelt wird, bevor er schließlich stirbt. Bei Winnetou sind auch die Stellen am besten, wo er am Marterpfahl steht, angeschossen wird oder spektakulär vom Pferd fällt. Und nicht die, wo er mit den Weißen Pfeife raucht, mit Fellen handelt oder mit einer Frau (Uschi Glas, oder?) flirtet. Nein,

nein, so alt kann ich gar nicht werden, dass ich nicht mehr weiß, was Sieben bis Zwölfjährige beeindruckt.

Weil wir gerade bei Sieben bis Zwölfjährigen sind: Es gibt eine Geschichte zu St. Jakob im Defereggental, die ich dann doch relativ arg finde.

Um 1600 kam die protestantische Lehre ins Defereggental, durch sesshaft gewordene Bergknappen, durch Hausiererhandel – man weiß es nicht. Gut achtzig Jahre später forderte ein Herr Max Gandolf von Kuenburg, hauptberuflich Erzbischof von Salzburg, die protestantische Bevölkerung auf, zum katholischen Glauben zurückzukehren oder sich auf ihre Ausweisung vorzubereiten. Die erfolgte dann auch alsbaldigst. Ab 1684 wanderten fast tausend Menschen aus, großteils ins heutige Bayern und Baden-Württemberg. Ihren Besitz durften sie verkaufen, ihre Kinder mussten sie aber im Defereggental lassen.

Und jetzt frage ich mich: Was kann einen Menschen reiten, dass er bereit ist, seine eigenen Kinder zu verlassen – wegen einer Konfessionsfrage??? Dabei reden wir nicht von Islam oder Hindu, Zarathustra oder Manitou, sondern eh von Jesus Christus – einmal katholisch und einmal remixed.

Ich bin fassungslos!

Und das ist jetzt nicht sooo lange her, dass man sagen könnte, damals haben die eben auf Bäumen gehaust und ein anderes Bewusstsein gehabt. Das war ein bisschen mehr als hundert Jahre vor Anfertigung der ersten Fotografie, die Differentialrechnung war bekannt und Ihre Urururururur-Großmutter war mit großer Wahrscheinlichkeit auch schon auf der Welt (wenn man davon ausgeht, dass sich Ihre weiblichen Vorfahren mit zirka dreißig vermehrt haben).

Zurückgelassene Kinder im Defereggental: der Autor und sein Bruder 1974. Die Grenze nach Italien wurde inzwischen wegrationalisiert.

Wir wollten dann das Tal weiter abfahren, haben uns aber noch rechtzeitig daran erinnert, dass wir das schon gestern erledigt haben. Als ich eine Abfahrt zu einer vermeintlich interessanten Bergstraße verpasst habe und ein paar hundert Meter weiter an einer Bushaltestelle umdrehen wollte, ereignete sich Folgendes: Ich schaue in meiner mir eigenen Angsthasenart siebzehn Mal in sämtliche Rückspiegel, schaue links, schaue rechts, ob eh alles save ist, und setze dann zur flotten, eleganten Wende an. Zack, kommt ein Kombi um die Kurve geschossen. Drin ein mittelalterliches Paar, Kennzeichen Brunn am Gebirge. Anstatt einfach weiterzufahren, bleibt er sehr kontrolliert und langsam auf meiner Höhe stehen, lässt das Fenster auf der Beifahrerseite herunter – aber nicht, um sich für seine überhöhte Geschwindigkeit zu entschuldigen, sondern: »A bissl schaun, a im Urlaub.« Sprach's und fuhr von dannen.

Wenn man einige Tage in den Alpen unterwegs ist und durchwegs freundliche Menschen trifft, mit reizenden Steirer, Kärntner und Tiroler Dialekten, die allesamt hilfsbereit sind, gut gelaunt und positiv, und dann bleibt so ein sagenhaft blöder Mensch in seiner Biederkeitskutsche stehen, um im breitesten Wienerisch zu bestätigen, dass man ihn gar nicht gering genug schätzen kann, dann tut das weh. Sehr weh.

Ab und an braucht man Regen, um die Sonne genießen zu können.

Ich habe »eine Form von Erkenntnis (im Jakobschen Pilgersinn), die mir im Schlaf zuteil geworden war« angekündigt. Hier ist sie:

Es muss wohl damit zu tun haben, dass ich als kleines Kind schon einmal hier war. Anders kann ich es mir nicht erklären. Bewusst kann ich mich nur an sehr wenig erinnern, trotzdem scheint eine Menge hängen geblieben zu sein. Weil warum: Sei es wegen der Luft, dem Bach oder dem Anblick von hellem Holz in Bauernstuben (und vor allem dem Geruch), ich habe derart plastisch und realistisch geträumt, als wäre ich gerade fünf und keinen Tag älter. Ich habe mich an Details erinnert, die Kruste in der Pfanne, die Kleidung meiner Eltern, meine Körpergröße (ich war so groß wie ein Sessel, oder ein Mistkübel), kurz, ich habe Dinge gesehen, die in meinem bewussten Erwachsenenleben völlig und restlos ausgelöscht waren. Ich bin völlig ohne Spaß und Ironie beeindruckt davon, was in einem menschlichen Hirn so passieren kann. In fünfunddreißig Jahren habe ich nicht ein Mal an eine der Situationen gedacht (geschweige denn mich bewusst daran erinnern können), die jetzt klar wie ein Film vor mir abgelaufen sind. Was war der Auslöser? Der Bach, die Wiese, der Wald, die Sprache, das Tiroler Gröstl zum Abendessen? Der hl. Jakob persönlich? Was weiß denn ich? Aber cool ist das schon.

Freitag, 24. Juli

Wie viele Kinder gibt es, die auf die Frage »Was willst du denn einmal erreichen im späteren Leben?« antworten: »Den Raststations Award«?

Nicht sehr viele, nehme ich an.

In der Raststätte »Beim echten Nordtyroler« in Mils, auf der Strecke von Innsbruck nach Bregenz, ist man offenbar sehr stolz auf den »Raststations Award 2004«. Auf dem Weg zur Toilette ist er jedenfalls kaum zu übersehen. Neben etlichen anderen Preisen und Auszeichnungen und unsäglichen Fotos von Lokalprominenz, derer ich mich nicht näher annehmen konnte, weil ich ja auf dem Weg zur Toilette war. Das ist nicht die einzige Verhaltensauffälligkeit an diesem Hort der inszenierten Gemütlichkeit an dieser Hauptader des Fernverkehrs. Sie sehen, ich versuche mich dem Thema vorsichtig zu nähern ... Ach, was soll's: Es ist ein Desaster! Ich habe ja schon viele Autobahnraststationen erlebt, aber das ...

Also. Wenn Sie den *Musikantenstadl* für eine authentische Abbildung der alpinen Folklore halten, wenn Sie finden, dass Gartenzwerge grundsätzlich nur auf Kunststoffrasen richtig aufgehoben sind, und Ihren Opel Hut tragend lenken, dann könnte es Ihnen hier gefallen. Mein lieber Herr ... Die durch Lichtschranken gesteuerte Glasschiebetür, die nach links und rechts aufgeht, sobald man sich ihr nähert, grüßt in bedrohlichen Lettern mit »Griaß« (linke Tür) und »Enk« (rechte Tür). Und das ist keine leere

Drohung. Hüttengaudi samt fensterlnder Schaufensterpuppe in Lederhose, ein Speckkeller, der Walt Disney die Schamesröte ins verblichene Gesicht treiben würde, und eine Dirndlkassa, wo niemand das Wechselgeld zählt, weil jeder nur weg will. Möglichst schnell. Singende Murmeltiere aus Plüsch im Abverkauf neben Mozartkugeln und garantiert echtem Tiroler Schnaps *made in China* ... hier regiert der helle Wahnsinn. Wir sind an Stehtischen vorbeigehuscht, wo gehetzt wirkende Rentner mit Pizza abgefüttert wurden, haben uns eine Flasche Mineralwasser und eine trockene Salzstange gekauft und sind schnell davongelaufen. Später, auf dem Rückweg, sollten wir an der Raststätte 2004 in Mils noch einmal vorbeifahren. Wir haben uns bekreuzigt und beschlossen, im Notfall lieber ins Auto zu pinkeln.

Die Autobahnstrecke, die man auf dem Weg von St. Jakob im Defereggental nach St. Jakob in St. Anton zwangsläufig hinter sich bringen muss, ist eine Autobahnstrecke. Abgesehen von der erwähnten Autobahnraststation. Die ist, na ja, eine Reise wert. Sagen wir mal so.

Mehr ist dazu nicht zu sagen. Zu schreiben schon gar nicht.

St. Jakob in St. Anton am Arlberg. Ein Hort der Stille, der Einkehr und der Ursprünglichkeit. Haha, der war gut. Wir haben in St. Jakob in St. Anton zwanzig Minuten vergeblich nach einem Parkplatz gesucht. Zitat: »Parkplatz nur für Kunden«. Das bringt St. Jakob in St. Anton eigentlich recht gut auf den Punkt. Wir sind dann einfach weitergefahren.

Der Einfachheit halber und weil wir schon am Arlberg waren, weiter nach Vorarlberg. Dort gibt es zwar kein St. Jakob, meine persönliche Familiengeschichte treibt mich aber immer wieder in das schöne Land, das die Schweiz 1919 so harsch abgelehnt hat. Einer meiner Vorfahren hat Jakob Fussenegger geheißen und war wie der Großteil meiner Verwandtschaft Vorarlberger. Ich spreche den örtlichen Dialekt nicht, ich habe praktisch keinen Kontakt mit der dort lebenden Sippschaft, behaupte aber jederzeit, so ich darauf angesprochen werde, dass ich halber Vorarlberger bin. Nicht einmal das stimmt, weil ich eigentlich nur ein Viertelvorarlberger bin. Egal, der Stolz überwiegt, und dafür lasse ich mich gerne auslachen. Bitte jetzt, wenn Sie dazu Lust haben.

Geht's wieder? Fein. Also, wir sind auf der Suche nach den Wurzeln meiner Kindheit pilgernd den Arlberg hinuntergesaust (teilweise sogar im zweiten Gang) und haben in Stuben am Arlberg haltgemacht. Hier habe ich als Kind mit Eltern und Geschwistern geurlaubt. Ich wollte mich nur davon überzeugen, dass eh alles so ist, wie ich es in Erinnerung habe. Ist es im Prinzip: Durchzugsstraße, überproportionierte Hotelbauten, die Kellnerin bescheißt. Man kann also getrost durchfahren.

Zwischendurch habe ich mich dazu verleiten lassen, bei einer Diskussion über Barack Obama mitzumachen, die auf Facebook stattgefunden hat. Eine Freundin aus Chicago hat mich per E-Mail auf meinem iPhone wissen lassen, dass einige ihrer eher konservativen Bekannten nicht und nicht verstehen wollen, warum Obama nicht grundsätzlich ein Vollidiot ist und warum es eher gut ist, dass Sarah Palin nicht Vizepräsidentin geworden ist. Alles in allem nicht das, was man erwartet, wenn man in den Alpen auf dem Jakobsweg ist. Ich schalte mein Telefon leider wirklich sehr selten aus, und seitdem ich darauf im Internet surfen und E-Mails empfangen kann, hat sich so etwas wie ein Suchtverhalten eingestellt. Das gebe ich gerne zu.

So, meine Freundin aus Chicago meinte also, ich möge mich doch in die Diskussion einbringen, weil ich so schön provokant argumentieren könne. Damit hat sie nicht ganz unrecht. Innerhalb von 24 Stunden war ich zum Feind der Freiheit im Allgemeinen und zum Gegner der USA im Speziellen abgestempelt. Gut, das lassen wir also das nächste Mal. Ich kann mich gut erinnern, wie meine Großmutter immer mit Händen und Füßen versucht hat, jede politische Diskussion zu vermeiden, vor allem wenn Alkohol im Spiel war. Es kommt einfach nichts Vernünftiges dabei heraus, weil Menschen gerne davon ausgehen, dass sie recht haben, und Fakten relativ egal sind. Gilt für Menschen jeden Alters und jeder politischen und unpolitischen Ausrichtung, soweit ich das beurteilen kann.

Mir geht der Name »Jakob« mittlerweile gut auf die Nerven. Jeden Tag Kirchen, Friedhöfe und Ortschaften, die mit dem hl. Jakob zu tun haben. Mit Jakob dem Älteren, um genau zu sein. Mir ist das jetzt schon zu biblisch. Ich bin nicht vor Jahrzehnten aus der Kirche ausgetreten, um jetzt demütig einen auf »Ich kehre in den Schoß der Mutter Kirche zurück« zu machen.

Mit seinem Bruder Johannes gehört Jakobus neben Andreas und Simon Petrus zu den erstberufenen Jüngern. Ist also quasi ein Vintage Jünger, First Edition. Das Original! Wie es sich für einen ordentlichen Heiligen gehört, wurde er hingerichtet. Allerdings nur mit dem Schwert. Verglichen mit der Kopf-nach-unten-Kreuzigung des Petrus ist das fast wie Sterbehilfe. Jakob gilt vor allem in Spanien als »Maurentöter« (Matamoros), ist also keine muslimische Integrationsfigur in dem Sinn, und soll in Galicien in Nordwestspanien begraben worden sein. Das wiederum erklärt, warum es die Kathedrale von Santiago de Compostela gibt und warum seit Jahrhunderten Menschen dorthin pilgern. Und auch, warum der Weg dorthin Jakobsweg heißt.

Apropos, morgen ist ganz offiziell und amtlich Jakobitag. Der 25. Juli ist der Tag des hl. Jakob. Deshalb habe ich in der Schweiz (wenn ich schon mal in Vorarlberg bin, kann ich auch gleich in die Schweiz fahren) in einem Supermarkt eine Jakobsmuschel gekauft. Keine lebende, sondern nur die Schale. Wie so oft im Leben zählt auch bei Jakobsmuscheln das Äußere. Bitte fragen Sie mich nicht, warum es in Schweizer Supermärkten Jakobsmuschelschalen gibt. Ich habe sie in einem Kühlregal gefunden und vermute, dass sie als Dekorationsgegenstand gehandelt wird. Möglicherweise kann man darin auch kleine Appetithäppchen servieren. Ist ja letztlich nichts anderes als ein kleiner Teller, so eine Muschel. Hat 0,90 € gekostet. An sich eine Okkasion für solch ein wichtiges Pilgerutensil. Umso ärgerlicher, dass ich die Muschel dann bei meiner Schwester in Vorarlberg vergessen habe. Allerdings auch wieder fair, weil sie die 0,90 € im Supermarkt bezahlt hat. Der hl. Jakob sorgt für ausgleichende Gerechtigkeit. Guter Jakob! Ich werde den morgigen Jakobitag also ohne passende Muschel erleben. Na ja.

Zum Aufschreiben und auswendig Lernen – am Jakobitag gelten folgende Wetterregeln:

»Jakobi heiß, lohnt Müh' und Fleiß.«

»Jakobi klar und rein, wird's Christfest frostig sein.«

Samstag, 25. Juli

Jakobitag, und es ist eher schweineheiß. Zwischendurch regnet es aber auch. Welche von den beiden Wetterregeln gilt jetzt? Ich weiß es wieder einmal nicht. Scheuen Sie sich bitte nicht, Ihre Erfahrungen dem Verlag zur Kenntnis zu bringen. Die freuen sich über Post und ich eigentlich auch.

Es ist Jakobitag und wir sind in Bruneck im Pustertal. Bruneck deswegen, weil man es vom Defereggental aus gut erreichen kann (und genau das haben meine Eltern vor 35 Jahren mit mir gemacht, einen Ausflug von St. Jakob im Defereggental nach Bruneck im Pustertal). Zum anderen gibt es hier eine Jakobskirche aus der Zeit um 1300. Vom romanischen Baustil ist aber infolge späterer Umbauarbeiten nur mehr wenig zu sehen. Also auch nicht anders als in anderen Wohnungen. Wenn man eine möblierte Wohnung übernimmt, weil die Großmutter gestorben ist, baut man ja auch um oder stellt zumindest die Möbel anders. Da kann sich der Besucher im Nachhinein auch nur mehr schwer vorstellen, wie der Wohnraum ursprünglich ausgesehen hat, also ohne Swarovski-Kristalle in der Vitrine. Nicht dass ich die Wohnung meiner Großmutter mit der romanischen Kirche von Dietenheim bei Bruneck im Pustertal vergleichen möchte, aber vom Prinzip her gibt es da Ähnlichkeiten, wissen Sie? Und wenn wir schon dabei sind (und Sie sich vielleicht fragen, warum ich plötzlich zumindest eine ungefähre Ahnung von dem habe, wovon ich schreibe): Meine Nichte hat in besagter Kirche ihre Erstkommunion erfolgreich bestanden. Also dachte ich mir, weil ich schon mal dort war und wenn es sich außerdem um eine tatsächlich sehenswerte Gegend samt wunderschöner Kirche handelt, warum soll ich damit hinter dem Berg halten? »Hinter dem Berg halten«, mitten in den Dolomiten – was für ein Wortspiel. Nicht dass es in dieser Gegend zu wenig Tourismus gäbe, ganz im Gegenteil.

In Südtirol gibt es zwei todsichere Möglichkeiten, sich unbeliebt zu machen. Erstens, mit dem Motorrad anreisen. Es gibt sehr schöne, kurvenreiche Straßen in Südtirol. Motorradfahrer kommen zu Tausenden aus ganz Europa, um hier Kurven zu fahren, und von den Einheimischen gefällt das nur denjenigen, die sich was aus Lärm, Luftverschmutzung und erhöhtem Straßenverkehrsaufkommen machen. Die zweite Möglichkeit: mit dem Cabrio anreisen. Auch Cabriofahrer wissen das kurvenreiche Bergparadies zu schätzen. Und auch sie sind bei der Bevölkerung nicht wesentlich beliebter als ein nässender Ausschlag.

Ich habe mich für das Cabrio entschieden. Erstens, weil ich eines habe, zweitens, weil ich es gerne mag. Drittens besitze ich zwar einen gültigen Motorradschein, halte es aber für fahrlässig, ihn zu nutzen. Und viertens ist es einfach bequemer. Im Hochsommer im Lederoverall mit Vollvisierhelm auf Reisen gehen ... ich weiß nicht. Auch Gepäck kann man da nicht viel mitnehmen. Das ist nichts für mich. Die Santiagos des Alpen- und Dolomitenraums wollen mit dem Cabrio erobert werden!

Also, es gibt hier definitiv nicht zu wenig Tourismusaufkommen. Aber soll ich deswegen lügen und schreiben, dass es hier ganz ekelhaft ist? Nein, das werde ich nicht!

Zurück zur Kirche des hl. Jakobus von Dietenheim bei Bruneck: Im rechten Seitenschiff gibt es ein Fresko, das die hl. Ottilia zeigt, kniend und betend. Ottilia ist erstens ein sehr gelungener Name, und zweitens ist Ottilia die Fürbitterin der Augenleidenden. Das möchte ich bitte extra erwähnt wissen, weil mein linkes Auge entzündet und das rechte dem Katarrh anheimgefallen ist. Ich bin noch unschlüssig, ob ich den Fahrtwind, die Autolüftung, die Klimaanlage oder die doch sehr heftige Sonneneinstrahlung dafür verantwortlich machen soll. Ärgerlich ist das Ganze deshalb, weil mir nicht bekannt war, dass sie für Augenleiden zuständig ist, als ich die hl. Ottilia hätte anschnorren können (»Hallo Ottilia, wie geht's so? Familie okay? Beruflich alles im Lot? Märtyrer ... aha – eh noch. Alles klar. Du, weil ich dich gerade dran habe: meine Augen ...«). Und jetzt, da ich wortreich meine Leiden begreine, ist die hl. Ottilia weit weg. Eh typisch. Wenn man zum Arzt geht, ist das Bauchweh plötzlich verschwunden. Wenn sich jetzt noch der hl. Jakob ein wenig für Magenschmerzen und Verdauungsleiden im Allgemeinen interessieren würde, wäre diese Kirche fast so etwas wie mein Heimstadion. Der gute St. Jakobus gilt aber immerhin als Schutzpatron der Apotheker und Drogisten. Kommt also nahe hin, wenn man mit Hypochondrie etwas anfangen kann. Wo wir schon beim Thema sind: Der hl. Jakobus ist nicht nur der Patron der Apotheker und Drogisten, sondern der von ganz Spanien (inklusive Apotheken), der Pilger (no na) und – der Krieger.

Das Deckenbild der Kirche zum hl. Jakobus in Dietenheim zeigt den Maurenschreck und Patron der Krieger und Pillendreher bei seiner Enthauptung. Das könnte die zuständige Tourismusbehörde gut ein wenig medial ausschlachten, um statt Motorradfahrer vermehrt muslimische Besucher anzulocken.

Es ist ein wenig verwirrend hier: Rein von der Landschaft her, vom Essen, der Architektur und von der Sprache, die die Menschen sprechen, könnte man meinen, man sei in Tirol. Schilder und Tafeln sind aber zweisprachig und erinnern einen daran, dass man sich in Italien befindet. Das fällt mit dem Euro jetzt nicht mehr so auf, zu seligen Lira-Zeiten war das noch etwas ganz anderes. Dem Vernehmen nach gibt es eine Verordnung, wonach diensthabende Carabinieri hier Italienisch und Deutsch beherrschen müssen. Dafür bekommen sie eine gar nicht mal so geringe Zulage. Das ist sicher für viele ein Anreiz, in Brixen für Recht und Ordnung zu sorgen, statt in Mailand den Verkehr zu regeln. Trotz der fetten Zulage gibt es aber immer wieder schwarze Schafe, die die zu amtsbehandelnden Personen konsequent auf Italienisch ansprechen. Die verstehen das oft nicht oder nicht genügend, und so macht sich dann und wann Unmut breit.

Eine weitere lokale Besonderheit besteht darin, dass Menschen, die unter Mussolinis Faschismus von hier vertrieben worden sind, schlicht und einfach Pech gehabt haben. Restitutionen gibt es nämlich nicht. Die Häuser, die bis 1945 italienisiert worden sind, sind es auch heute noch. Trotzdem stößt sich da niemand ernsthaft daran, und alle sind, so scheint es, zufrieden damit, wie es ist. Recht so!

Es verwundert deshalb auch nicht weiter, dass in St. Jakob im Ahrntal das obligate Kriegerdenkmal von Personen spricht, die seit dem »Zusammenbruch 1945« vermisst werden. Keine Rede von »Kriegsende«, von den »Wirren des Krieges«, von »Befreiung«, »Ende der Diktatur« wie sonst üblich. Ganz straight und gerade heraus: »Zusammenbruch«. Okay, ist man als Wiener nicht gewöhnt, aber man lernt ja nie aus. Dass auf einem Grabstein von einem »Schriftleiter« die Rede ist und nicht von einem »Chefredakteur«, versteht sich von selbst.

Die offizielle Jakobswanderung anlässlich des heutigen Jakobitages haben wir um glatte drei Stunden verpasst, wie ich dem Anschlag an der Kirchentür entnehme. Schade, ich wäre sehr gerne sechs Stunden in meinen Flip-Flops in die Dolomiten geklettert. Mein früher Tod hätte dem Verkauf dieses Buches sicherlich gut getan.

St. Jakob im Ahrntal. Einfach so.

Auf dem Kirchenhügel gibt es außerdem noch ein sehr fesches Bauerndenkmal mit einer Beschreibung in Deutsch und Italienisch, das darüber aufklärt, wie unsäglich mühsam die Landwirtschaft für Bergbauern bis vor gar nicht allzu langer Zeit war. Alleine das Lesen lässt mich vor

Dankbarkeit für mein Schicksal erschaudern. Bergbauer um 1850 ... mein lieber Schwan. Da braucht man sich um Unterforderung nicht zu sorgen.

Im Verlauf des Tages erfahre ich noch, dass St. Jakob im Ahrntal so etwas wie eine Sprachenklave ist. Weil das Tal eine Sackgasse ist, hat man hier angeblich die eine oder andere Lautverschiebung nicht mitgemacht, weshalb der ortsübliche Dialekt erstaunliche Ähnlichkeiten mit dem Englischen aufweist: listen = hören, dafter = nachher usw.

Apropos Englisch. Norbert Rier, Frontman der grandiosen Kastelruther Spatzen aus dem wunderschönen Kastelruth in Südtirol, kann zwar sämtliche Wünsche, Begrüßungen und Dedications auf Italienisch ins Journalistenmikrofon sprechen, nicht aber auf Englisch. Bei »You're listening to the Kastelruther Spatzen and you're at home, baby« gibt er kampflos W.O. Eigentlich sympathisch für einen Popstar, der im deutschsprachigen Raum mehr verkauft als die Top Ten der Ö3-Charts zusammen und immer noch unerkannt in den Supermarkt gehen kann. Wieso ich darauf komme? Am Abend hat mir eine Dame auf ihrem Handy ein Foto von sich und Norbert Rier gezeigt. Ihr Mann ist darauf sofort entschuldigend eingesprungen und hat gemeint, dass so eine Art Volksmusik doch Volksverdummung und peinlich sei für das Land Südtirol. Finde ich gar nicht. Ich kann da sehr zufrieden grinsen. Schon wieder ein Zeichen vom hl. Jakob!

Der Witz des Tages aus der Zeitung *Dolomiten*:

»Warum machst du beim Trinken immer die Augen zu?«

»Ach, mein Arzt sagte mir, ich solle beim Trinken nicht immer so tief ins Glas schauen!«

Konrad R., Bozen

Sonntag, 26. Juli

Ich fahre Richtung Kärnten. Mein Freund Dieter Kuttnig, ein Klagenfurter feinster Bauart, hat mich gefragt, ob er in meinem nächsten Buch vorkommen kann. Hiermit erledigt.

Montag, 27. Juli

Warum schreiben so viele Lokale in Kärnten »Gordon Bleu«, wo es doch eindeutig »Cordon Bleu« heißt?

Ich habe das selbst nicht gewusst. Meine charmante Assistentin Verena (bitte um Applaus an dieser Stelle) hat mich darauf aufmerksam gemacht. Woher der Name »Cordon Bleu« kommt, weiß ich allerdings noch immer nicht. Auch Wikipedia hat mich nicht schlauer gemacht. Ganz im Gegenteil.

Zitat:

Um die Namensentstehung des Gerichts ranken sich etliche Legenden:

- *Das Gericht habe seinen heutigen Namen bei einem französischen Kochwettbewerb erhalten.*
- *Das Gericht sei erstmals zur Feier der schnellsten Atlantiküberquerung der* Bremen *1929 oder 1933 vom Schweizer Koch der* Bremen *zubereitet worden. Der inoffizielle Preis für die schnellste Atlantiküberquerung ist das blaue Band.*
- *Benannt sei es nach dem Orden Cordon bleu, den Ludwig XV. der Köchin von Madame Dubarry verliehen hatte und der seitdem auch scherzhaft besonders guten Köchen oder Gerichten »verliehen« worden ist.*
- *Der Koch einer vermögenden Basler Familie soll von den blauen Haarbändern im Hof spielender Mädchen inspiriert worden sein.*

- *»Cordon bleu« bedeutet in der französischen Umgangssprache etwa »super« oder »toll«.*

Mit anderen Worten: Man hat keine Ahnung. Ich auch nicht. Auch gut.

Dienstag, 28. Juli

Auch in Villach gibt es ein St. Jakob. Zumindest eine gleichnamige Kirche. Die Stadtpfarrkirche St. Jakob ist eine gotische Hallenkirche, die urkundlich 1136 erstmals erwähnt wurde.

In Zeiten, da TV-Sendungen *Die größten Hits der 80er, Die besten Lovesongs, Die schnellsten und ärgsten überhaupt* usw. heißen, ist es vielleicht nicht ganz uninteressant zu wissen, dass St. Jakob in Villach 1526 die erste protestantische Kirche Österreichs war. (Später wurde sie freilich wieder katholisch.) Ob es für den Staatsheiligen des gar nicht mal so protestantischen Spanien und Vorzeigemaurenmeuchler ein Renommee ist, wenn nicht eine, sondern gleich die erste protestantische Kirche des Landes unter seiner Patronanz werkt, wage ich zu bezweifeln.

Die Gottesdienste sind: jeden Sonntag um 9.00, 10.00 und 18.30 Uhr; wochentags 9.00 Uhr; samstags 9.00 und 18.30 Uhr. Zumindest im Sommer. Für die Winterzeiten googeln Sie bitte selbst.

Ich hatte trotzdem den Eindruck, dass der Kirtag, der zufällig gerade abgehalten wurde, in Villach mehr Menschen in seinen Bann zieht als die Fresken und die Kanzel in der ehemals protestantischen Kirche. Bier, Brezen, Musik und erwachsene Männer in kurzen Lederhosen, wer hat das nicht gern?

Alleine auf dem Weg vom Parkplatz zur Fußgängerzone habe ich drei Statuen gezählt. Allesamt gestiftet von der Stadt Villach. Irgendein Bildhauer muss verdammt gute Beziehungen zum Rathaus haben, zumal eine der Statuen einen Harlekin darstellt und der Villacher Faschingsgilde zu Ruhm und Ehre gereichen soll. Was die Villacher Faschingsgilde ist, wie ihr Massen von verblendeten Kärntnern folgen, was der von ihr ausgelöste Villacher Fasching in Österreich bewirkt hat (*Narrisch guat*, wer einen Fernseher hat), und dass man nicht müde werden darf, davor zu warnen, will ich hier nicht näher erläutern.

Heute wehen jedenfalls sehr viele rot-weiß-gelbe Kärntner Fähnchen in der Innenstadt. Das Wetter (es ist etwas bewölkt) tut das Seine, dass schätzungsweise halb Amsterdam und Köln samt Vororten in Villach ist, und ich trinke ein (eine?) Cola. Das tue ich immer, wenn ich Angst habe, ich könnte Magenschmerzen bekommen. Und das ist hier angesichts der Menschenmassen der Fall. Kann die Sonne bitte wieder scheinen und diese vielen, privat sicherlich sehr netten Menschen ins Freibad locken? Nein? Gut. Schade.

Am Ende der Fußgängerzone entdecke ich eine echte, originale und wahrhaftige BZÖ-Zweigstelle (für die zahlreichen Leser aus dem Ausland: *Bündnis Zukunft Österreich*, ein auf Kärnten beschränktes politisches Phänomen, ins Leben gerufen vom verstorbenen Landeshauptmann Dr. Jörg Haider). Ich sehe mir neugierig alles an. Nicht dass irgendetwas anders wäre als in einem lieblos gestalteten Schaufenster einer durchschnittlichen Versicherungsgesellschaft. Aber man glaubt ja nie, dass es so etwas in echt gibt, bis man es dann tatsächlich sieht. BZÖ ... die gibt es also wirklich. Wow!

Als wir zum Parkplatz zurückkommen, warten bereits einige Menschen vor dem Automaten, um zu bezahlen. Vielleicht sollte ich hier der Einfachheit halber das E-Mail einfügen, das ich später geschrieben habe:

Sehr geehrte Damen und Herren,
auf dem von Ihnen betreuten Parkplatz vor der Brauerei trug sich heute Folgendes zu: Nach einem halbstündigen Spaziergang durch die Fußgängerzone wollten ich und meine Frau unser Auto holen, um weiterzufahren. Vor dem Automaten stehen bereits einige Menschen, der Automat defekt. Die Schlange der wartenden Menschen wird länger, es heißt, bald komme jemand. Nach 10 Minuten werde ich unruhig, rufe selbst unter der angegebenen Nummer an. Beim dritten Mal hebt auch jemand ab und meint, die Firma XY sei zuständig, jemand von denen lasse uns und die anderen Personen (mittlerweile rund 20) vom Parkplatz. Ich gehe zu dem Büro der genannten Firma, Zettel an der Tür: »Sind in der Brauerei«. Ich gehe zur Brauerei, niemand zuständig. Ich wähle noch einmal die angegebene Nummer, niemand hebt ab. Meine Freundin ruft mich an, ein Herr von der Brauerei sei mittlerweile beim Automaten und hantiere daran. Ich gehe zurück zum Automaten, frage: »Wer zahlt denn jetzt die Stunde extra?« Mittlerweile bin ich wegen der Warterei natürlich über die erste Stunde drüber und unwirsch. Um mich entnervte Gäste, Familien, kleine, quengelnde Kinder, eine unübersehbar schwangere Frau. Antwort: »Weiß ich nicht, bin nicht zuständig.« Ich frage noch einmal: »Die Dame am Telefon hat gemeint, Sie würden den Schlagbaum hochfahren und uns alle rauslassen. Wir sind hier nämlich mitsamt unseren Autos mitten

in Villach gefangen, wissen Sie?« Antwort: »Bin nicht befugt.« Nach weiteren 10 Minuten funktioniert der Automat wieder. Einige Personen zahlen zum zweiten und dritten Mal, fast alle müssen eine Stunde extra zahlen. Sie tun es und fahren missmutig von dannen. Vonseiten des Betreibers kein Wort des Bedauerns, kein Ersatz (ich weiß, nur ein, zwei Euro – trotzdem).

Jetzt frage ich Sie: Missgeschicke können passieren, immer und überall, überhaupt kein Thema. Aber warum müssen Ihre Kunden mit ihrer Zeit und ihrem Geld dafür bezahlen, wenn der Automat nicht funktioniert? Warum kann man da nicht kulant den Schlagbaum öffnen und die Leute mit einem leisen Sorry einfach durchwinken? Was wäre gewesen, wenn wirklich ein Unglück passiert wäre? Ein Feuer bricht aus, die Wehen setzen ein usw. Ist der Wärter dann auch nicht befugt, den Schlagbaum zu öffnen?

Sie haben durch diese Aktion in Summe etwa zwanzig bis dreißig Euro extra eingenommen. Dafür haben geschätzte zehn Familien für den Rest ihres Lebens von Villacher Bier die Nase voll. Steht sich das dafür? Für mich hat Villacher Bier ab heute leider einen seltsamen Beigeschmack. Ich lasse mich von Ihrer Antwort aber gerne eines Besseren belehren.

Mit freundlichen Grüßen,
Clemens Haipl

Wenn eine Antwort kommt, werde ich mich an dieser Stelle noch einmal melden. Mehr, wenn Ihr mich wiederseht. Bitte unbedingt zugucken, wie's weitergeht!

PS: Von der Villacher Brauerei hat sich niemand gemeldet, entschuldigt schon gar nicht. Darum trinke ich gerade ein Zipfer Bier. Ätsch!

PPS: Spital an der Drau ist eine wunderbare Stadt. Hier gibt es nette Menschen, tolle Lokale, großartige Sommerschlussverkäufe mit vielen englischen Polohemden mit Lorbeerkranz-Logo und ein wirklich prächtiges Schloss, Schloss Porcia, wo alljährlich Komödienspiele stattfinden. Ob man sich die anschauen sollte, weiß ich nicht. Ich habe es nicht getan und mir dafür den Gewerbepark an der Ortseinfahrt gegeben. Na ja … Haushaltsdiscounter, Schuhgroßhandel und Drogeriemarkt. Warum nicht?

PPPS: Wirklich empfehlenswert ist aber die Egger Alm unweit von Hermagor. Knappe zehn Kilometer Bergstraße, auf der man besser nicht auf Gegenverkehr stößt, und oben – Alm, Kühe, ein See, Hütten. Heidiromantik. Bitte fahren Sie da nicht hin! Ich will, dass das so bleibt.

Mittwoch, 29. Juli

St. Jakob in Straßburg, Bezirk St. Veit an der Glan im wunderschönen Kärnten, ist nicht sehr groß. Das hat den Vorteil, dass es relativ klein ist. Außerdem hat man keine U-Bahn bauen müssen. Nicht einmal einen Flughafen. Es sind aber genügend Parkplätze vorhanden.

Die Gottesdienste in der Pfarre St. Jakob ob Gurk sind wie folgt: Sommer und Winter, jeden Sonn- und Feiertag um 8.30 Uhr. Vielleicht kann man auch beichten, wenn man gerne möchte. Man muss sich dann wahrscheinlich einen persönlichen Termin ausmachen mit dem Pfarrer. So genau weiß ich das nicht.

Jakobsberg in Mühlen im Bezirk Murau in der nicht minder schönen Steiermark hat auch nicht viel mehr als zweihundert Einwohner. Man sollte sich dort nicht mit allzu vielen Nachbarn anlegen, sonst ist man bald sehr alleine. Außerdem passt Jakobsberg nur peripher in diesen Zusammenhang, weil Jakobsberg eben kein St. Jakob ist. Trotzdem kommt es relativ nahe hin, wie ich finde. Das nur zur Erklärung, falls Sie sich wundern wollen.

Auf dem Weg zu diesen beiden Preziosen des modernen Pilgerlebens sind wir in Graz vorbeigekommen, wo es einen großen Elektronikfachmarkt gibt, der mit C beginnt und so ähnlich heißt wie der Junge in *Konrad, sprach die Frau Mama, ich geh fort und du bleibst da* – nur eben nicht mit K, sondern mit C. Genannter Elektronikfachmarkt ist ein Hort unverfälschter und ungefilterter Männlichkeit: Platinen, Werkzeug, Campingleuchten, ferngesteuertes Spielzeug, Autoradios, Discolichter ... für Frauen Dantes Inferno.

Selbstverständlich habe ich Verena genötigt, mit mir dort hineinzugehen. Meine nicht sehr originelle Ausrede war: »Wir brauchen einen Feldstecher.« Okay, einen Feldstecher kann man immer wieder mal brauchen, stimmt schon. In den Bergen, wo es etwas zu befeldstechern gegeben hätte, waren wir aber schon. Jetzt, wo wir uns mit gleichmäßiger Geschwindigkeit Wien nähern, gibt es kein vernünftiges Argument für den Erwerb eines Feldstechers (und bei aller Liebe zu Wien, nicht einmal ich möchte mir Wien im Detail ansehen). Ich gehe davon aus, dass Verena das gewusst hat und mich trotzdem gewähren ließ. Weil sie mich kennt und mag. Sie hat ziemlich sicher gewusst, dass ich nicht ernsthaft nach einem Feldstecher suchen, sondern direttissima die Abteilung für ferngesteuertes Spielzeug ansteuern würde. Das tue ich immer, wenn ich eines Großmarktes ansichtig werde, der so ähnlich heißt wie Konrad, nur mit C.

Diesmal bin ich artig nach zwei Minuten wieder aus dem Elektro-Nerd-Männer-Markt herausmarschiert. Ich wollte mein eigenes Klischee nicht überstrapazieren. Außerdem erhalten kleine Überraschungen die Liebe.

Tage später habe ich die Wiener Filiale heimgesucht, eine Viertelstunde lang die Ferngläser gemustert, als ob ich daran ernsthaftes Interesse hätte, und bin dann nach diesem gelungenen Täuschungsmanöver in die Abteilung für ferngesteuertes Spielzeug entschwunden.

DONNERSTAG, 30. JULI

Kennen Sie Jakobsmuscheln? Gibt es in allen Zeitgeistlokalen und treten im Verbund mit Ingwer, Zitronengras und Aperol auf. Mein Gott, warum auch nicht? Worauf ich aber hinauswollte ... Ich habe ja, wie schon erwähnt, die Fischereiprüfung erfolgreich absolviert. Muscheln gelten zwar nicht als Fische, aber die Überleitung war jetzt doch relativ gelungen.

Wie auch immer: Heute habe ich zum ersten Mal von meinem verbrieften Recht auf Fischmord Gebrauch gemacht. Ich war, wie man das aus kitschigen US-Filmen kennt, mit meinem Neffen F fischen. Also im Wesentlichen haben wir abwechselnd Würmer, Käse, Brot und Brombeeren (!) gebadet, aber einmal, nein, zweimal haben wir tatsächlich Glück gehabt. Ein Fisch von beträchtlicher Größe (ich denke, so um die vierzig, fünfzig Zentimeter) hat angebissen. Ich habe ihn hochprofessionell an Land gebracht und dann ... völlig überfordert meinen Vater gerufen. »Papa, was macht man da jetzt?« »Stein am Kopf«, war die lapidare Antwort. Allein, ich habe es nicht geschafft. Also hat mein Vater dem Fischleben per Steinstoß ein Ende bereitet, während ich sehr unmännlich daneben gestanden bin und meinem Neffen F kein gutes Vorbild war.

Jetzt kommt der zweite Akt. Dazu muss man wissen, dass meine Mutter gerne Blockflöte spielt. Zu diesem Zwecke übt sie oft und eifrig. Mir ist zwar völlig schleierhaft, wie man nicht Blockflöte spielen kann (es ist wie Pfeifen, man tut es und basta), aber ich bin vom Ehrgeiz meiner Mutter begeistert. Jedenfalls sitzt also meine Mutter mit einer Freundin im Wohnzimmer, und die beiden Damen üben im Duett Blockflöte. Freiwillig wohlgemerkt. Niemand hat sie je dazu gezwungen. Und es ist auch kein ironisch gebrochener Antiwitz, der sie dazu treibt, Töne in die Landschaft zu schicken, die nicht von Gottes uneingeschränkter Liebe zeugen.

Mein Vater spricht zu meinem Neffen F, seinem Enkel F: »Nimm doch den Fisch und erschreck damit die Oma.«

Der achtjährige Knabe nimmt widerwillig aber doch den glitschigen Leichnam in seine zarten Kinderhände, marschiert ins Wohnzimmer, wo die beiden mittelalterlichen Damen heftigst ins Holz blasen, um ihm Kirchenlieder zu entringen – der Jüngling hält den Ladys das Tier vor die Nase und macht laut »Buh!«

Wenn Sie ein bisschen Fantasie haben, können Sie sich gut vorstellen, dass das alles in allem ein rundes Bild ergeben hat: Neffe F, Fisch, Blockflöten, Oma und Freundin … tadellos, wirklich. Wenn Sie keine Fantasie haben, dann sollten Sie sowieso etwas anderes lesen. Ganz im Ernst, ich will Ihnen ja nicht die Zeit stehlen. Also, alles Liebe auch weiterhin!

ETWAS SPÄTER

Ich habe einen Brief bekommen von der Brauerei, die so ähnlich heißt wie Villach. Sehr freundlich, und ich geniere mich jetzt, dass ich so patzig gewesen bin. Man hat mir aber keinen Strick daraus gedreht, nein, die Antwort war sehr nett. Wir sind wieder versöhnt, und ich muss in Zukunft Gott sei Dank doch kein Bier boykottieren. Ich bin da sehr streng und habe vor Jahren schon George W. Bush durch meinen fast konsequenten McDonald's-Boykott in die Knie gezwungen. Das nur, falls Sie glauben, dass wir ja sowieso nichts ändern können.

Ich habe außerdem eine Erscheinung gehabt. Als ich sechzehn war, war ich ein Jahr lang Austauschschüler in Ohio, USA. Weil sich nicht nur in Österreich gerne Ausländer mit Ausländern und Inländer mit Inländern zusammentun, waren meine besten Freunde folgerichtig aus Mexiko und Ecuador. Der Freund aus Ecuador hieß (und heißt noch immer) Santiago, Santiago Jaramillo, und war ebenfalls Austauschschüler. Ich habe seit Juli 1986 kein Wort mehr von ihm gehört. Nach einem Jahr enger Freundschaft war er wie vom Erdboden verschluckt. Kein großer Freund des Briefverkehrs und kein Anhänger falscher Sentimentalitäten. Das habe ich kurz bedauert (zirka zehn Jahre lang), bevor ich mich dann relativ bald damit abgefunden habe, dass er eben keinen Fernkontakt wünscht oder tot ist. Oder beides. Ihn über Internet ausfindig zu machen, wäre so Erfolg versprechend gewesen, als würde man einen Peter Müller oder einen John Smith suchen. Santiago Jaramillo ist kein seltener Name in dem Sinn.

Wie gesagt, zehn Jahre suche ich nach dem Freund, meine Verzagtheit wird immer kleiner, bevor ich weitere dreizehn Jahre resigniere. Dann beschäftige ich mich mit dem Camino de Santiago, dem Jakobsweg, die Fertigung des entsprechenden Buches neigt sich dem Ende zu ... und plötzlich – eine Nachricht von Santiago Jaramillo. Er hat mich auf Facebook gefunden, kurz nachgefragt, ob ich eh der aus Ohio bin und dann als Erklärung gemeint, er sei eben sehr busy. Darum habe er sich dreiundzwanzig Jahre nicht melden können. Muss man akzeptieren. Ich will andere Menschen nicht beurteilen, und wenn er das so sieht, dann sieht er das eben so.

Aber – ist das nicht großartig? Ich komme zurück von einem Trip durch die St. Jakobs der Alpen und Dolomiten, packe meine Koffer neu, um nach Nordspanien zu fliegen und beim echten, originalen Jakobsweg vorstellig zu werden, und da taucht der verloren geglaubte Santiago aus Cuenca, Ecuador, auf. Und nein, das ist kein Zufall, ich bin kein esoterischer Spinner (zumindest nicht mehr als die meisten anderen Menschen), aber das hat mich tatsächlich gefreut.

Santiagos Englisch ist nach wie vor verheerend. Seine Augen sind unsagbar hell für einen Südamerikaner, was ihn für Frauen beneidenswert attraktiv macht. Und er ist irgendein Manager, Finanz, Versicherung, was weiß ich.

Auf seiner Facebook-Seite stehen Fotos von Urlauben in Florida, Kalifornien, Japan usw., überall mit Frau und zwei Kindern. Also kein Mensch, der zum Campen nach Podersdorf fahren muss. Südamerikanische Oberschicht eben.

Mit dem Wissen, dass Wunder geschehen, bin ich also nach Bilbao geflogen. Wenige Tage davor hat die ETA in Spanien wieder Bomben gezündet, und das hat mich nicht froh gemacht, weil Bilbao als Hochburg der ETA gilt. Da fliege ich aus purer Angst nicht nach Israel und buche zielsicher einen Urlaub in einer europäischen Terrorismushochburg. Gut gemacht, danke.

Wir haben dann aber doch nur den Flughafen besichtigt und sind mit dem Auto weiter nach Kantabrien gefahren. Adios, Baskenland (nein, ich weiß nicht, wie man das auf Baskisch sagt, googeln Sie ruhig selbst). Unterwegs waren wir in einem All-you-can-eat-Restaurant in einer großen Shoppingmall. Ich habe kaum essen können, weil mich folgende Frage fasziniert hat: Kann man in einem All-you-can-eat-Restaurant eine Happy Hour abhalten? Wenn man sich für eine fixe Summe den Wanst so voll schlagen kann, wie man eben will ... wie kann man Menschen damit locken, dass sie zwischen 8 und 9 Uhr doppelt so viel essen können, wie sie wollen? Was wären das dann für Menschen, die dieses Angebot dankbar annehmen? »Ich war gestern essen. Doppelt so viel, wie ich essen kann. Um nur 9,90 €!« Ist eine recht spezielle Frage, und ich habe sie nicht konsequent zu Ende gedacht. Aber beschäftigt hat sie mich schon.

In der Mall gab es nicht nur ein All-you-can-eat-Restaurant, sondern auch einen Supermarkt von beachtlicher Größe. Dort habe ich mich mit einer Angel und allen

Accessoires eingedeckt, die mir geeignet schienen, nicht weniger als den weißen Hai und Moby Dick zur Strecke zu bringen: Haken, Schwimmer, Bleigewichte und vor allem Gummiköder in allen Formen und Farben, derer ich habhaft werden konnte. Ist ein bisschen wie im Sexshop vor dem Regal mit den Vibratoren: fisch- und madenförmige Gummiwürste, genoppt oder auch nicht, mit unterschiedlichem Schwingverhalten in feuchtem Zustand, also unter Wasser, vor allem aber in sämtlichen Farben von Neongrün über Heringsilber bis schreiend Pink. Herrlich. Ich habe eine beachtliche Rechnung ershoppt und bin zufrieden zum Auto gelatscht, wo ich feststellen musste, dass für meine Gummiwürste kein Platz ist, weil mein Freund und Mitreisender Gunki ein ähnliches Konsumverhalten an den Tag gelegt hat wie ich. Bloß hat er keine fünf Zentimeter langen Gummisimulationen von Würmern erstanden, sondern gefühlte acht Surfboards, einen Kiteschirm und eine Kletterausrüstung, die aus einem Reinhold Messner einen neiderfüllten bärtigen Berggeist gemacht hätte. Ich habe mich mit meiner Angel und den Gummiwürsten unter ein Surfboard gekauert, habe die zwei Stunden Fahrt bis zum Revier meiner Wahl mannhaft ertragen. Irgendwie war ich der Überzeugung, dass sämtliche Fische des Atlantiks in diesem Moment wüssten, dass die nächsten Tage für sie keine Kinderjause werden würden.

Am nächsten Tag

Behände und eifrig habe ich Knoten geknüpft, Haken eingefädelt und auch sonst allerlei Dinge getan, auf die ich vor wenigen Wochen noch nicht sehr stolz gewesen wäre.

Nein, beschämt hätte ich mich selbst von guten Freunden abgewandt, wenn sie mir zu verstehen gegeben hätten, dass sie genau das zu tun beabsichtigen, was ich gerade tat. Gunki hatte bei einem seiner Surfausflüge eine Bucht ausgemacht, von der er meinte, ich könnte dort zu einem Fischer von Weltrang werden. Ich habe also meine neue und meine alte Angel (die hatte ich selbstverständlich aus Wien mitgenommen, ein sagenhaft trashiges Produkt, auf Amazon bestellt) in den Rucksack gepackt, dazu einen Plastikkoffer mit meinem neuen Spielzeug, und bin den Strand entlanggegangen auf der Suche nach Petris Heil und Fischs Verderben. Weil ich mich doch ein wenig geniert habe, habe ich mich bemüht, möglichst unauffällig zu wirken. Unter durchtrainierten Surfboys in Neopren-Anzügen fällt man aber doch auf, wenn man über dem Bierbauch ein Hemd trägt, darüber eine Regenjacke (wer weiß, das Wetter könnte umschlagen) und am Rücken einen voll gepackten Rucksack, aus dem alle paar Meter eine Angel kippt, weil er dafür einfach zu klein ist.

Sehr peinlich berührt bin ich also etliche Hundert Meter an Hundertschaften von Surfern vorbeigeschlichen. Schließlich kam ich zu einer Landzunge, hinter der die Bucht der Fische liegen sollte. Dummerweise war es eine sehr hohe und sehr felsige Landzunge. Freilich, ich hätte sie umschwimmen können – wäre sie nicht viel zu lang gewesen und wäre ich nicht ein viel zu schlechter Schwimmer. Auch mein Outfit als stilbewusster Buchhalter machte klar, dass ich hier nicht den Rettungsschwimmer von Malibu geben würde. Links das Meer, vor mir die Landzunge und rechts ein fast senkrecht aufragender Felsen, der von Disteln überwuchert ist. Okay, wir haben ein Problem, Houston. Zurückzutrotten und den Beachboys und Surfern, die mit einem hämischen Grinsen wahrscheinlich genau darauf warteten, dass ich ihnen den Triumph des Tages beschere, kam gar nicht infrage. Also habe ich mich versichert, dass die Angeln einigermaßen im Rucksack verzurrt sind, und habe mich an die Erstbesteigung gemacht.

Habe ich erwähnt, dass ich nicht schwindelfrei bin? Ich wurde nach sieben, acht Metern, die ich auf allen Vieren bewältigt habe, sehr direkt daran erinnert. Der Blick hinunter machte mich sicher: Da komme ich nicht mehr runter. Nach oben waren es aber auch noch zirka zehn Meter. Blöd. Die Füße in Gummisandalen, die Hände in Grasbüschel gekrallt (jaaa, es gab da ein paar, unter den Disteln) hockte ich in meinem nicht mehr sehr weißen Hemd, Hände und Füße zerstochen, unter der Regenjacke, die ich aus Gründen angezogen hatte, die mir nicht mehr einfallen wollen, völlig verschwitzt in der Mitte eines Felsens und malte mir die Schlagzeile aus: »Deutscher Tourist überschätzt seine Fähigkeiten (Stichwort ›falsches Schuhwerk‹) und stürzt von Felsen«. Nein, das wollte ich nicht. Also musste ich weiter, weiter nach oben. Der Berg ruft, auch wenn er ein kleiner ist.

Ich habe noch nie so bewusst und konzentriert darauf geachtet, wo ich meine Füße hinsetze, weil ich bei jedem Schritt (genauer, bei jedem Schritt meiner Hinterfüße – ich ging ja auf allen Vieren) damit rechnen musste, auf den Strand hinunterzustürzen und von meinen eigenen Angeln aufgespießt zu werden. Kein würdiges Ende. Also weiter, Schritt für Schritt. Besser Disteln im Fleisch als den Abgrund vor Augen. Und beides besser als der freie Fall. Gott sei Dank konnte ich mir selbst nicht zuschauen – ich hätte mich sehr für mich geniert, ich hätte geleugnet, mich zu kennen.

Einige Disteln und scharfe Felskanten später war es vollbracht – ich war oben! Oben, wo die Freiheit lacht, wo sich die Natur von ihrer schönsten Seite zeigte, wo der endlose Fels in eine saftige Kuhweide überging, die von einem Elektrozaun umzäunt war. Das ist jetzt aber blöd. Hinter mir der Abgrund, vor mir ein Elektrozaun, hinter dem bestimmt ein aggressiver und ausländerfeindlicher Stier lauert, der sich gerade nur sehr gut versteckt hat, und ich stehe auf einem zirka fünfzig Zentimeter breiten Grasstreifen. In Gummisandalen, in einem weißen Hemd, Shorts und mit einem Rucksack, aus dem Angelruten ragen, weil sie zu lange sind. Absteigen kam nicht infrage, zumindest nicht sehenden Auges. Mit geschlossenen Augen hätte ich mich eher getraut, das wäre aber auch nicht sehr vernünftig gewesen. Bin ich also mit dem Rucksack und den herausstehenden Angeln unter dem Elektrozaun durchgerobbt. Auch wenn ich mich wiederhole: sehr peinlich.

Eine Weide, wie man sie sich vorstellt, nur vielleicht nicht an einem Strand in Spanien: Gras und Kuhfladen (da jetzt bloß nicht reinsteigen, nicht in Sandalen). Der Stier und seine Frauen waren gottlob nicht daheim. Vielleicht auf einer anderen Weide, bei Freunden zu Gast, was weiß man? Am Ende der Weide konnte ich feststellen, dass die Rückseite der Landzunge nicht sanft abfiel, sondern mindestens genauso steil war wie mein Anreiseweg, dafür aber doppelt so hoch. So ein Pech, heute funktioniert aber auch gar nichts. Ich entschied mich für den Weg querfeldein über die Kuhweide und kam nach nicht einmal einer

Stunde zu einer Bucht, wo Einheimische ihre obszön langen Angeberruten zum sogenannten Brandungsfischen in den Sand gesteckt hatten. Das sah ich zumindest von oben. Von der fünfzig Meter hohen Klippe, auf der ich jetzt nämlich stand. Wieso und warum mich mein Weg über die Weide ausgerechnet hierher geführt hatte, ich weiß es nicht. Aber ich war plötzlich sehr müde. Also, same procedure as every year, weiter querfeldein und siehe da – nach einer weiteren halben Stunde habe ich dann tatsächlich einen Weg nach unten gefunden.

War es ein demütigendes Schauspiel gewesen, an den Surfern vorbeizugehen, so war der Weg an den einheimischen Langruten vorbei ein Canossagang. Was rede ich, ein Spießrutenlauf. Fürchterlich. Ich mit meinen lächerlich kurzen Angelruten (die nur lang genug waren, um alle paar Meter aus dem Rucksack zu kippen), völlig overdressed, aber gut zerstochen, zerschürft und verschwitzt und der Sprache nicht mächtig, in der mich die erfahrenen Fischer wahrscheinlich gerade schmähten und ein blutiges Greenhorn hießen. Und zu Recht auch noch.

Weil ich mich nicht an die Seite der Langruten traute, suchte ich mir am äußersten Ende der Bucht einen, wie ich meinte, unauffälligen und bescheidenen Felsen, auf den ich mich kauerte. Ich begann, mein Jagdwerkzeug auszupacken und scharf zu machen. Bei der Gelegenheit fiel mir die erste Angel ins Wasser. Die Angel, nicht der Haken mit der Schnur (das wäre noch vertretbar gewesen). Also runter vom Felsen, Angel bergen – patschnass (eine Sturzwelle hat sich erbötig gemacht, mich gewissenhaft von oben bis unten zu durchnässen). Macht nichts, Angel noch einmal auswerfen, diesmal Haken und Schnur (man nennt das aber trotzdem »Angel auswerfen«). Immerhin zwei bis drei Meter weit, nicht so schlecht bei dem Wind.

Nach einer Minute etwa spüre ich Widerstand. Aha, mein erstes schuppiges Opfer. Alles wird gut. Also versuche ich, das Ganze einzukurbeln, und stelle fest, dass der Fisch entweder sehr viel größer ist als ich oder dass ich den Haken einem Felsen ins Fleisch getrieben habe. Letzteres stellte sich hurtig als richtig heraus. Da hilft nur eins – Schnur kappen. Jetzt ist eine ganze Menge wertvoller Nippes aus der Angelabteilung für immer verloren (Haken, Ösen, Karabiner, Schwimmer usw.). Wie ärgerlich.

Noch einmal von vorne: Haken aus der Box fischen, Karabiner, einen zweiten Schwimmer habe ich nicht, alles verknoten und nach kaum zwanzig Minuten geht es schon wieder weiter. Auswurf: rund zehn Meter, immerhin, ich steigere mich. Ich hole eine gewaltige Alge an Land und überlege, ob es Zufall ist, dass man den Bakterien verseuchten Schleim, den Lungenkranke ausspucken, auch »Auswurf« nennt. Ich bin nicht unzufrieden, aber meine Erwartungen dürfen nicht als erfüllt gelten. Noch einmal, noch eine Alge. Eine noch größere. Runter vom Felsen, den Wirrwarr aus Schnur, Algen und Haken lösen. Da macht sich eine weitere Welle auf den Weg zu mir. Während ich groß schaue und zu einem Fluch ansetze, hat sie mich schon erwischt. Sie schmeckt salzig. Ein wenig nach Fisch.

Jetzt packe ich meine Sachen und mache mich auf, ich will nach Hause. Nicht dass ich das Gefühl habe, völlig versagt zu haben, aber als ich an den Langruten vorbeigehe, will mir der selbstsichere Ausdruck des Anglerglücks nicht so recht gelingen. Die Einheimischen schauen mitleidig. Warum können sie nicht wenigstens hämisch grinsen? Wäre mir lieber als Mitleid.

Nach einem Kombinationslauf über Weiden und Felsen und eine weitere Weide stehe ich auf einem sumpfartigen Stück Erde. Das liegt daran, dass es ein Sumpf ist. Das merkt man zum Beispiel daran, dass das rechte Bein bis zum Knie in einer braun-schwarzen Sauce eingesunken ist. Ich kann es zwar gerade noch herausziehen, die Gummisandale bleibt aber stecken. Ich denke »Scheiße«, greife beherzt in die Sauce und finde nach wenigen Minuten den fehlenden Teil meines Schuhwerks. Der Geruch macht mich sicher: Das IST Scheiße! Die von Kühen nämlich. Was soll's, ein kleines Missgeschick. Solange alles andere klappt.

In Wahrheit möchte ich heulen. Allein die Vorstellung, von Fremden dabei beobachtet zu werden, wie ich in kurzen Hosen und weißem Hemd auf einer spanischen Alm stehe, das rechte Bein und der rechte Arm voller Morast und Kuhscheiße, einen Rucksack mit herauskippenden Angeln am Rücken, hält mich von einem spontanen Nervenzusammenbruch ab.

So, was jetzt? Solange kein spontanes Gewitter über mich hereinbricht (in dieser Gegend von Spanien soll das Wetter innerhalb von Minuten umschlagen) ... Selbstverständlich vernehme ich in der Sekunde Donner und mache erste dunkle Wolken aus. Immerhin habe ich jetzt schon auf einer Körperhälfte eine gute Farbe bekommen. Ich bin rechts von brauner Scheiße bedeckt.

Und ich fühle mich sehr müde.

Nach etlichen Elektrozäunen und Disteln erreiche ich irgendwann den Strand und versuche, mich unauffällig im Meer zu waschen. Just in dem Moment kommt Gunki. Er hat mehr als genug Zeit gehabt, Wellen zu reiten, und, nein, ich habe keine Fische gefangen. Ist auch nicht so wichtig. Rauchen wir eine, trinken wir ein Bier. Bitte jetzt. Ich fühle mich müde. Müde und klein. Wenigstens lacht Gunki nicht. Ein wahrer Freund.

Der alte Mann und das Meer. Und die Felsen.

In den Tagen danach

Ich bin auf einigen Felsen gesessen, habe eine Menge Badegäste an Sandstränden zum Schmunzeln gebracht, zahllosen Würmern und Schnecken zu einem grausamen Tod am Haken verholfen und keinen einzigen Fisch gefangen.

Zwei spanische Mädchen von ungefähr sieben, acht Jahren haben mit den Händen einen kleinen Fisch gefangen, den sie mir schenken wollten. Wie rührend. Und wie demütigend. Für den Fisch und für mich.

Ein Siebenjähriger ist kein Sportfischer.

Clemens Haipl

Ein alter Mann hat seinen Spaziergang am Meer unterbrochen, mir interessiert zugeschaut und versucht, mir klarzumachen, was mit meiner Angel nicht stimmt. Ich habe kein Wort verstanden. Hätte ich schon auf Deutsch nicht, aber Spanisch macht die Einschulung in die Grundbegriffe der Meeresfischerei nicht einfacher. Irgendwann hat er aufgegeben. Er wollte mir aber doch noch irgendetwas Sinnvolles auf den Weg mitgeben: Er deutete auf die Schachtel mit den Würmern: »Solar ... muerte ...« Aha, wenn ich die Schachtel in der Sonne stehen lasse, werden die Würmer sterben. Das habe ich verstanden. Danke für den Tipp! Angelwürmer, die in der Sonne sterben, bevor sie per Ködernadel an den Haken gespießt werden (eine Prozedur, die mich jedes Mal unangenehm an eine Kreuzigung erinnert) – das geht nicht. Der Mann war zufrieden, mir etwas beigebracht zu haben, und zog von dannen.

Kinder bleiben stehen und interessieren sich sehr für meine Gummifische. Ob ich die selbst gefangen habe, wollen sie wissen. Ich will ja sagen, um damit anzugeben, schaffe es aber nicht auf Spanisch. Ein anderer Angler gestikuliert wild und redet von »Plombo«. Wie bitte? Irgendwann fällt mir der Chemieunterricht in der Schule ein, und ich reime mir zusammen, dass er wohl Blei meint. Da helfe ich gerne aus. An Equipment reich, an Know-how arm, biete ich ihm aus meinem Sortiment verschiedenste Bleigrößen an. Er nimmt sich das größte, ich schenke es ihm und fühle mich wie ein guter Mensch. Bald kommt ein zweiter und braucht einen Haken. Es spricht sich herum, dass der seltsame Deutsche zwar keine Ahnung vom Fischen hat, aber jede Menge Angelzubehör. So bringe ich im Verlauf der Tage noch etliche Bleie, Haken und Schwimmer an den Mann. Dafür bekomme ich sicher Karmapunkte, und das macht mich froh.

Hernach

Ich habe auf einem Felsen hockend einen Fisch gefangen. Er war fast zehn Zentimeter lang und hat silbern geglänzt. Ich habe ihn ins Meer zurückgeworfen und erst nachher bemerkt, dass er mir heimlich den Wurm vom Haken gefressen hat. Undankbares Vieh.

Undankbarer Fisch

Das alles lässt mich noch nicht verzagen. Ich bin fest davon überzeugt, dass Lehrjahre eben keine Herrenjahre sind. Gunki, der Freund, hat Mitleid (mittlerweile kann ich das akzeptieren, Stolz muss man sich leisten können) und erzählt, dass er auf einer nahen Hafenmauer Fischer gesehen hätte. Dort könnte auch ich mein Angelglück probieren und wäre unter meinesgleichen. Um mir weitere Fußmärsche zu ersparen, nimmt er mich im Auto mit und lässt mich bei einem Kreisverkehr am Hafen aussteigen. Weil meine glücklosen Fischversuche sogar der Sonne peinlich sind, ist sie heute nicht da, stattdessen herrschen Nebel und Nieselregen. Es ist August, und ich trage lange Hosen und Pullover. Am Meer. In Spanien. Zwischen hupenden Familienvans mit Dieselaggregaten bahne ich mir einen Weg zum Gehsteig und stehe – auf einer Jakobsmuschel. Keine echte, eine stilisierte, gemalt. Dazu die Worte »Camino Del Norte De Santiago«. Nein, das ist jetzt aber nicht wirklich wahr. Ich stehe auf dem Jakobsweg. Nicht auf dem in St. Jakob im Irgendwo, sondern auf DEM Jakobsweg. Dem echten. Dem einzigen originalen!

Ein Zeichen! Ein Wunder! Ich habe den Fisch gesucht und habe die Muschel gefunden, die des Jakob! Wie schön!

An dieser Stelle gebe ich dem Leser Zeit für eine Zigarette oder einen kurzen Drink.

PS. Im November werde ich erstmals Vater. Es wird ein großartiger Sohn sein, und er wird Jakob heißen.

PPS. Im November bin ich erstmals Vater geworden. Ein großartiger Sohn, und er heißt Jakob.

SERVICETEIL